AF474361

# UN MOT

SUR LA PROPOSITION

# DE M. J.-J. DE SELLON,

POUR LA SUPPRESSION

# DE LA PEINE DE MORT,

SUIVI DES POINTS PRINCIPAUX QUI DOIVENT ÊTRE TRAITÉS DANS LE CONCOURS, ET DE QUELQUES FRAGMENS SUR CE SUJET.

GENÈVE,
CHEZ P. G. LE DOUBLE, LIBRAIRE.

1826.

# UN MOT

## SUR LA PROPOSITION

# DE M. J.-J. DE SELLON,

## POUR LA SUPPRESSION

# DE LA PEINE DE MORT.

---

*Proposition faite par M. de Sellon au Conseil Représentatif, le 26 Juin 1816.*

Le soussigné supplie le Noble Conseil d'Etat de présenter un projet de loi au Conseil-Souverain, dont l'effet serait d'abolir la peine de mort dans le code pénal qui doit régir la République et Canton de Genève. Le soussigné propose de convertir la peine de mort en un nombre d'années de réclusion dans une maison de force où le délinquant travaillerait au profit de la dite maison. Le soussigné croit qu'il serait digne des Génevois, de ce peuple libre et éclairé, de donner à l'Europe et à toutes les sociétés chrétiennes, cet exemple d'humanité, en laissant une porte ouverte au repentir et aux remords. Le soussigné a été à même d'observer les bons effets de cette abolition en Toscane, seul pays de l'Italie où il ne se commet presque jamais de crimes. Le soussigné a d'ailleurs remarqué que l'effet moral produit par les exécutions publiques était nul et n'avait d'autre effet que d'exciter une barbare curiosité.

Un an après, le Conseil d'Etat, selon son usage, fit la réponse suivante :

Le Conseil d'Etat sans rien préjuger sur le fond de la proposition, estime qu'elle ne pourra être prise en considération, que lors de la révision de nos lois criminelles.

M. de Sellon a reproduit la même proposition dans la session de Décembre 1825, en ces termes:

Je propose que le Noble Conseil d'Etat, usant de son initiative, présente au Conseil Souverain une loi qui abolisse la peine de mort, et la remplace par telle autre qu'il jugera convenable.

# Lettre

A M. le Rédacteur du Journal de Genève, du 21 Janvier 1826.

Monsieur le Rédacteur,

Pénétré de l'utilité de la loi qui abolirait la peine de mort, j'ai usé de mon droit de proposition pour la réclamer à deux différentes Sessions du Corps Représentatif et Souverain de la République et Canton de Genève, et suis fermément déterminé à reproduire la même demande tant que j'aurai l'honneur de faire partie de ce corps; mais ne me sentant pas les forces suffisantes pour faire prévaloir mon opinion, j'ai résolu de mettre cette question au Concours, et de fixer pour prix du Mémoire couronné une médaille d'or de la valeur de cinq cents francs de France, qui rappellerait le nom de l'auteur et le sujet du Mémoire. Ce prix serait adjugé par un Jury d'hommes éclairés à qui je demanderais de vouloir bien se charger de cette fonction.

Les Mémoires me seront adressés à Genève, rue Derrière-les-Granges, franc de port, avec un billet cacheté où se trouvera le nom de l'auteur avec l'épigraphe de son Mémoire.

Aucun Mémoire ne sera admis depuis le 1.er Novembre 1826, et le Journal annoncera le jour fixé par le Jury pour le jugement.

Les Mémoires seront admis manuscrits ou imprimés.

J'espère, Monsieur le Rédacteur, que vous voudrez bien insérer cette lettre dans votre estimable Journal, afin que le Concours acquière la publicité nécessaire pour atteindre le but désiré, qui est de mettre cette question à la portée de tout le monde, et d'y porter autant de lumières que possible.

Agréez, etc.

J.-J. DE SELLON,
Membre du Conseil Souverain.

---

## COMPOSITION DU JURY

**Destiné à juger quel Mémoire devra être couronné.**

---

MM.,

GIROD, *ancien Syndic.*

CÉARD, *Procureur-Général.*

D'IVERNOIS, *ancien Conseiller-d'Etat.*

DUMONT, *membre du Conseil Souverain.*

BELLOT, *professeur*, idem.

DE SISMONDI, *professeur*, idem.

DE CHATEAUVIEUX, idem.

ROSSI, *professeur*, idem.

DE CANDOLLE, *professeur*, idem.

KUNKLER-RIGAUD, idem.

CRAMER, *auditeur, ancien substitut à la Cour de Colmar, et membre du Conseil Souverain.*

FAVRE-BERTRAND, *membre du Conseil So*[illegible].n

FORGET, *avocat*, idem.

DE BONSTETTEN, *ancien Magistrat de Berne.*

RIGAUD-DE-CONSTANT, *professeur de droit, et membre du Conseil Souverain.*

---

---

L'auteur du concours prévient les concurrens qu'aucun Mémoire ne sera admis *s'il n'est* en faveur de la suppression *de la peine de mort;* assez de partisans de l'ancienne législation pénale prendront sa défense, car l'empire des habitudes est bien puissant chez les hommes; et c'est pour mettre en évidence tous les avantages de ce changement, qu'il a appelé à son secours les lumières de ceux qui pensent comme lui, et qui sauront mieux que lui l'exprimer dans leurs Mémoires. M. le comte Lembrechts qui a ouvert un concours sur *la liberté des Cultes* dont le prix sera adjugé par la Société de *morale Chrétienne* de Paris, n'admet dans son programme *que* les mémoires en faveur de ce principe.

---

J'AVAIS résolu de ne traiter cette question que dans le sein du Conseil dont j'ai l'honneur d'être Membre ; mon peu d'habitude d'écrire, qui me vaudra, j'espère, l'indulgence du lecteur, m'engageait au silence, et je voulais laisser à d'autres le soin de défendre avec plus de talent une aussi belle cause ; mais ayant appris qu'on affirmait dans le public que l'abolition de cette loi serait fatale à mon pays, que j'ai la conscience d'aimer au moins autant que qui que ce soit, j'ai cru devoir une courte exposition des motifs qui m'ont fait agir, à ceux qui m'ont fait l'honneur de me juger digne de les représenter dans le Conseil Souverain. Ayant prononcé mon discours d'abondance, je ne puis le livrer à l'impression tel qu'il a été débité au sein du Conseil ; mais je reproduirais quelques argumens que j'avançais en faveur de mon opinion.

Je commence par déclarer que je ne conteste point à la société le droit de faire toutes les lois nécessaires à sa sûreté, pourvu qu'elles soient conformes à la suprême loi qui régit tous les hommes, la religion, qui renferme la plus sublime de toutes les morales (*). Cela posé, je crois que les hommes sont les maîtres de varier leurs lois d'après les circonstances où les sociétés dont ils sont membres se trouvent, et de les modifier toutes les fois que l'intérêt de ces mêmes sociétés l'exige. Les lois n'étant que la fidèle image des mœurs d'un pays, elles doivent en suivre le mouvement et le perfectionnement, et il est du devoir de tout membre consciencieux de la législature de proposer celles qui sont en harmonie avec l'époque où il vit (**).

Quelle est la plus forte objection contre l'abolition de la peine de mort? C'est le danger

---

(*) Telle que nous l'a donnée Jésus-Christ, pleine de charité et de douceur.

(**) Un homme d'esprit, un excellent citoyen, a écrit dans un Journal que tant que les hommes se feraient la guerre, il fallait maintenir la peine de mort. Je ne sais voir aucun rapport entre ces deux choses; et quand il en existerait, faut-il conserver tous les fléaux de l'humanité, toutes les mauvaises lois, parce qu'on ne peut les extirper toutes le même jour. Je crois qu'il n'est jamais trop tôt pour *économiser* le sang d'un homme quel qu'il soit : j'en appelle à l'auteur lui-même.

que court la société en laissant en vie un assassin habitué au crime, et qui peut en commettre d'autres. La détention à vie et l'inspection des précautions prises à la Prison pénitentiaire de Genève contre l'évasion des prisonniers, ne répondent-elles pas suffisamment à ces craintes exagérées? Quant à la dépense que coûterait l'entretien du prisonnier, je ne fais pas l'injure à mes Concitoyens de supposer qu'ils balanceront entre cet inconvénient et l'avantage de conserver la vie à un de leurs semblables.

Une autre objection contre ma proposition, c'est que tous les assassins viendront commettre leurs crimes à Genève, parce que la législation y sera plus douce; estime-t-on l'homme une créature assez monstrueuse pour croire qu'il choisisse toujours de sang froid le théâtre de son crime, et qu'il sera séduit par l'idée d'aller au fond d'un cachot jouir du fruit de ses désordres. Ce sont des passions forcenées qui mènent au crime, ce n'est pas le Code pénal à la main qu'on vole ou qu'on assassine; et certes l'abolition de la peine de mort ne fera pas commettre un *seul* crime de plus dans le Canton de Genève.

On peut juger de l'inefficacité de la peine de mort par le grand nombre de meurtres qui se commettent en Europe dans les pays où cette peine est en vigueur. C'est donc en vain que le sang coule, qu'on donne à l'homme le spectacle hideux de la mort violente de son semblable, qu'on détruit celui que Dieu a fait à son image; c'est en vain qu'on prive un Chrétien de la chance de racheter son crime par une vie meilleure dans la prison pénitentiaire (*); ces exécutions qui habituent la jeunesse à la vue du sang sont en pure perte pour la morale publique, puisqu'elles ne préviennent pas le crime, et qu'elles ne rendent pas les hommes meilleurs. Cet effroi salutaire qu'on espère de la peine de mort est nul, puisqu'il n'arrête pas le criminel

(*) Une objection des amis de l'humanité contre la suppression de la peine de mort, c'est qu'on pourrait la remplacer par des peines plus cruelles que la mort elle-même; mais la douceur des mœurs et la civilisation nous sont des garans du contraire.

sur le bord du précipice; car quel est l'homme, quelqu'ignorant qu'il soit, qui ne sache que les lois punissent de mort le crime qu'il va commettre. Je maintiens que dans les pays chrétiens, la peine de mort est une loi de répression et de prévention, et qu'on ne considère pas là punition du coupable relativement à lui-même, mais à l'effet qu'elle produira sur la morale publique. Or, si un supplice cruel manque cet effet, il va en sens contraire, et si l'on peut soustraire la société au danger par un autre moyen que par la destruction d'un de ses membres, il est évidemment meilleur à mes yeux. Il est reconnu par tous les hommes dont l'opinion peut compter, que ce n'est pas par la rigueur des peines qu'on prévient les crimes (*).

Une considération puissante à mes yeux en faveur de la suppression de la peine de mort, c'est la foule de condamnations à mort pour cause

---

(*) J'invite mes lecteurs à consulter à cet égard Beccaria, Servan, Filangieri, et surtout le Rapport de M. Livington à l'Assemblée de la Louisiane, pages 52, 58, 59, 60, 131, 210, 64 et 70; il est à la Société de lecture.

de politique et de religion qui n'auraient pas eu lieu si les juges avaient été assez heureux pour être privés de cet instrument, qui si souvent se tourne contre ceux qui croient pouvoir s'en servir avec justice, et qui pourtant sont entraînés par les passions du moment. L'histoire, ce témoin incorruptible qui ne fait acception ni des choses ni des personnes, qui dit toute la vérité, et rien que la vérité (*), nous révèle à chaque page l'abus que les hommes ont fait en tout temps de la peine de mort quand les passions sont en mouvement. Or, je maintiens que la suppression de la peine de mort, ainsi que de toute autre punition corporelle, sauf la détention et le travail dans la prison, une fois passée dans les mœurs comme *principe*, aucun peuple, aucun parti, quelque violent qu'il fut, n'oserait la rétablir, l'opinion publique s'y opposerait, et les partis comme les Souverains ont besoin

(*) Surtout quant aux condamnations judiciaires qui sont toujours accompagnées de pièces de conviction, comme les procès de Charles I.er et de Louis XVI, par exemple.

de l'opinion. Je n'insisterai pas sur ce qui précède ; l'histoire de nos jours et de tous les pays doit nous donner le désir de soustraire nos contemporains et nos descendans au malheur d'appliquer la peine de mort à leurs concitoyens, pour quelque cause que ce soit.

Une considération non moins puissante qui me décide en faveur de la suppression de la peine de mort, c'est les nombreuses erreurs produites par de fausses dépositions, et par l'imperfection des sens des témoins, qui croient avoir vu ce qu'ils n'ont réellement pas vu (*) ; je citerais, entre mille autres qu'on trouve dans les causes célèbres (**), l'histoire des Calas, de Sirven, et

---

(*) Une autre Cause très-commune d'erreur, c'est la différence du langage du juge et celui des témoins, qui souvent sont des étrangers ou des paysans. Tous les juges n'ont pas su apprendre le patois comme M. Pictet, Président de la Cour Suprême de Genève ; c'est un *accident heureux*, qui, par ses avantages, prouve combien souvent les témoins disent ce qu'ils ne veulent pas dire, et font des dépositions toutes contraires à ce qu'ils ont vu, faute de savoir s'exprimer.

(**) Je fais hommage à la Société de lecture du Recueil des causes célèbres jusqu'à ce jour.

de l'infortuné Lesurques, qu'une ressemblance fatale avec un nommé Dubosc conduisit à l'échafaud, sur la déposition d'une foule de témoins qui juraient qu'il était coupable; et peu de jours après sa mort, son innocence fut constatée et avouée par le véritable criminel. Eh bien! cette famille Lesurques n'est, dit-on, pas encore réhabilitée.

Voilà donc de faibles humains sujets à l'erreur, qui s'exposent à en commettre une irréparable; voilà des juges, pleins d'honneur, de religion et de conscience, forcés à appliquer une loi qui envoie une créature, peut-être innocente, à un supplice cruel, et qui se mettent dans l'impossibilité de rendre un père à ses enfans, un mari à une femme, et plus que tout cela, l'honneur à une famille.

Je pourrais étendre ce sujet, il est riche; mais je me réserve de défendre cette cause devant ceux qui seront appelés à la juger, devant ce corps, qui, meilleur juge que moi des intérêts de la Patrie, décidera s'il doit proposer ou non l'abolition d'une loi que j'estime mauvaise pour tout l'univers, mais que je crois plus mauvaise encore pour ma Patrie, dont les mœurs et la religion ayant une base large et profonde, peut supporter hardiment les lois favorables à l'humanité, pour ma Patrie, où tous les Citoyens se protègent les uns les autres, et par leurs efforts réunis donnent au Gouvernement la force d'assurer le bonheur et la tranquillité publique, sans employer ces supplices qui accoutument au sang et n'ont jamais prévenu le crime (*).

Tout en laissant liberté pleine et entière aux concurrens pour traiter le sujet de la suppression de la peine de mort d'après les lumières de leur esprit et leur conscience, on verrait avec plaisir les points suivans plus particulièrement développés (**) :

1.° L'inefficacité de la peine de mort comme exemple, et comme répression du crime, s'ap-

---

(*) Si l'on retrouve la même pensée reproduite, qu'on veuille bien le mettre sur le compte de mon sentiment qui m'entraîne à rendre à mon pays la justice qui lui est due.

*Note de M. de S.*

(**) Les concurrens trouveront, soit à la Société de lecture du Musée, soit à la Bibliothèque publique, tous les secours possibles pour s'aider dans leurs recherches.

*Note de M. de S.*

puyant sur des faits, ce qui ne sera pas difficile.

2.° Les nombreuses erreurs commises par des Tribunaux dans tous les temps, en donner des exemples, en citant des faits authentiques.

3.° L'espoir bien fondé, qu'une fois la peine de mort, ainsi que *toute autre* punition corporelle, abolie *en principe,* nul peuple, nul Gouvernement n'oserait la rétablir pour cause de *politique ou de religion*, et qu'on éviterait par là à des juges, l'obligation cruelle d'appliquer une peine que leurs sermens les forcent à appliquer, tant que la peine de mort est en vigueur pour une cause quelconque. L'histoire fournira aux concurrens des preuves suffisantes et multipliées de l'abus que les partis ont fait en tout temps de la peine de mort, soit pour cause de religion, soit pour cause de politique. Ils pourront indiquer par les grâces accordées, que la plupart de ces condamnations auraient été révoquées six mois après, si le fait avait été possible.

4.° Les concurrens s'appuyant de documens

authentiques citeront les pays où l'abolition de la peine de mort a été tentée (*).

5.° Les concurrens insisteront sur l'avantage de remplacer la peine de mort et toute autre punition corporelle, par la réclusion dans une maison pénitentiaire, où le délinquant, par un travail assidu, par une conduite morale et religieuse, pourra réparer devant Dieu, si ce n'est devant les hommes, le crime qu'il a commis, et pourra paraître avec moins d'effroi devant le tribunal auguste qui doit juger tous les hommes après leur mort. Ils insisteront encore sur l'avantage qu'offre à la société la peine de la réclusion, de permettre de réparer une erreur cruelle vis-à-vis d'un de ses membres, de rendre un père à ses enfans, un mari à sa femme, à la Patrie un de ses enfants *innocents*.

6.° Les concurrens insisteront sur ce que jamais époque ne fût plus favorable à l'abolition

---

(*) Léopold l'abolit en Toscane, Elisabeth en Russie; on propose de l'abolir en Louisiane, pays assez semblable à Genève par sa population et sa constitution, comme on peut le voir dans le rapport de M. Livingston, déjà cité.

*Note de M. de S.*

demandée, sur la tranquillité de l'Europe, le retour marqué aux idées religieuses, sur la douceur des mœurs actuelles et sur la création de maisons pénitentiaires.

7.° Ils insisteront particulièrement sur ce que la réclusion débarrasse la société d'un assassin tout aussi bien que la mort, et évite ces spectacles affreux qui habituent les hommes au sang, sans les rendre meilleurs, comme cela n'est que trop prouvé par l'expérience, et par les auteurs illustres dont les concurrens s'empresseront sans doute de s'appuyer dans le courant de leurs Mémoires.

8.° Ils combattront l'idée fausse que la suppression de la peine de mort mettrait Genève et le Canton en danger, car ils indiqueront les moyens de rendre l'évasion impossible.

9.° Ils insisteront sur la lacune qui existe dans la législation pénale, qui, par une fiction de la loi, qu'on a osé appeler ingénieuse, empêche qu'un Tribunal reconnaisse son erreur quand même elle est prouvée, et enlève à une famille le moyen de se réhabiliter.

10.° Les concurrens insisteront sur ce que jamais époque ne fut mieux choisie à Genève pour une telle proposition, puisqu'une Commission est assemblée pour proposer un nouveau Code pénal.

Ayant reçu de Florence le Code du Grand-Duc LÉOPOLD, publié à Pise le 30 Novembre 1786, j'en ai extrait le préambule, ainsi que les articles 51 et 53 qui concernent la peine de mort, que j'ai traduits *littéralement*; et quant au Code lui-même, je le communiquerai à ceux qui le désireront.

LÉOPOLD, par la grâce de Dieu, Grand-Duc de Toscane, etc. Dès notre avènement au trône de Toscane, nous regardâmes comme un de nos principaux devoirs l'examen et la réforme de la législation criminelle, et ayant bien vîte reconnu qu'elle était trop sévère, et dérivée de maximes établies dans les temps moins heureux de l'Empire romain, ou pendant les troubles de l'anarchie du moyen âge, qu'elle était surtout peu appropriée au caractère plein de douceur et de bonté de la Nation, nous résolûmes d'en tempérer provisoirement la rigueur par des instructions et des ordres à nos Tribunaux, et par des Edits particuliers, au moyen desquels furent abolies la peine de mort, la torture, et les peines immodérées, et peu proportionnées aux transgressions et aux contraventions aux lois fiscales, jusqu'à ce que nous nous fussions mis en mesure (moyennant un examen sérieux et plein de maturité, et avec le secours de l'expérience de ces dites nouvelles dispositions), de réformer entièrement ladite législation.

Nous avons enfin reconnu, avec la plus grande satisfaction pour notre cœur paternel, que l'adoucissement des peines, joint à la plus exacte vigilance pour prévenir les actions criminelles, et moyennant la prompte expédition des procès, et la promptitude et certitude de la peine appliquée aux délinquans avérés, au lieu d'augmenter le nombre des crimes, a considérablement diminué les plus communs, et rendu presqu'inouis les plus atroces; c'est pourquoi nous avons pris la détermination de ne pas différer davantage la réforme de la législation criminelle, *en abolissant*, *par une maxime cons-*

*tante*, *la peine de mort*, comme non nécessaire dans le but que se propose la société de la punition des coupables, abolissant de même la torture, la confiscation des biens des délinquans, comme tendant la plupart du temps au dommage de leurs innocentes familles qui n'ont été nullement complices de leur crime, et bannissant de la législation, la multiplication de ces crimes, appelés improprement de lèze majesté, et inventés avec des raffinemens de cruauté dans des temps pervers, et fixant des peines proportionnées aux fautes, et qui sont tout-à-fait inévitables à appliquer (*).

Art. 51. Nous avons vu avec horreur, avec quelle facilité, dans l'ancienne législation, était décretée la peine de mort pour les délits peu graves, et ayant considéré que l'objet de la peine doit servir de satisfaction au dommage

---

(*) Toutes les dispositions de Léopold sont conformes aux principes posés par Beccaria dans son fameux ouvrage des Délits et des Peines, dans son chapitre de la peine de mort.

*Note de M. de S.*

reçu, soit du public, soit du particulier, de correction au coupable, qui, quoique tel, reste encore un enfant de la société, et dont on doit toujours rechercher l'amendement; la certitude que ceux qui se sont rendus coupables de crimes atroces, ne restent pas libres d'en commettre d'autres, et enfin l'exemple public, que le gouvernement dans la punition des délits, et dans le but de la rendre propre au dessein qu'on veut atteindre uniquement, est tenu à toujours employer les moyens les plus efficaces avec le moindre dommage possible pour le coupable; que cette efficacité réunie à la modération, se rencontrent plus que dans la peine de mort par les travaux publics, qui servent d'un exemple continuel et non d'une terreur momentanée qui souvent dégénère en compassion, et enlèvent la possibilité de commettre d'autres crimes et non l'espérance possible de voir revenir à la société, un citoyen utile et corrigé; ayant pareillement considéré qu'une législation bien différente pourrait convenir à la plus grande douceur de mœurs de ce siècle et surtout du peuple toscan, nous avons résolu d'abolir comme nous avons aboli par la présente loi pour toujours la peine de mort, pour quelque coupable que ce soit, présent ou contumax, quoique convaincu et ayant avoué son crime réputé capital par les lois jusqu'ici en vigueur, lesquelles pour ce point nous abolissons et cesseront leur effet.

Art. 53. Les coupables de crimes capitaux et de délits graves devant rester en vie pour compenser leurs mauvaises actions par d'utiles, nous ordonnons qu'à la peine de mort soit substituée la peine des travaux publics à perpétuité ou à vie pour les hommes, et pour les femmes le cachot pareillement à vie, abolissant tout-à-fait l'usage d'accorder aux condamnés à ladite peine des travaux publics à vie, après l'avoir subie trente ans, le droit de pouvoir supplier qu'on leur accorde leur libération comme si on la leur devait.

Qu'il me soit permis de faire observer que le Code du Grand-Duc Léopold qui fut ensuite Empereur d'Allemagne, répond victorieusement aux insinuations dirigées contre les philantropes en général, qu'on accuse d'être étrangers aux réalités du monde et de se créer des théories sentimentales, dont l'exécution est impossible ou nuisible à la société. Léopold déclare que ce n'est qu'après une longue *expérience* qu'il s'est décidé à supprimer la peine de mort. La position géographique de la Toscane, entourée de pays où les peines les plus sévères et surtout la peine de mort étaient en vigueur, n'arrêta point Léopold, et il se livra à la douceur de donner une bonne *législation pénale* à son peuple quelle que fut celle de ses voisins, et certes il n'eut jamais lieu de s'en repentir, car j'ai pu voir *par mes propres yeux* que la Toscane était le pays de l'Italie où il se commettait le moins de délits. Cet exemple prouve que quoique entouré de pays où *l'ancienne législation* est en vigueur, Genève pourrait supprimer la peine de mort sans inconvénient.

Un reproche *grave* fait à la proposition de la suppression de la peine de mort, c'est d'être en contradiction manifeste, avec les lois divines qui, dit-on, ordonnent la peine de mort pour le sang répandu. D'abord l'assertion n'est pas sans exception, et pour en citer une seule, je rappellerai que Dieu, loin de condamner à mort Caïn après le meurtre d'Abel, lui imprima une marque sur le front pour qu'on ne le tuât pas, et menaça de la destruction ceux qui auraient voulu le tuer ; c'est ce dont on peut se convaincre en lisant le Chapitre IV de la Genèse. D'ailleurs, la Rédemption et le Christianisme, qui en a été la conséquence, a adouci la plupart des lois anciennes et en a anéanti une quantité qui avaient été faites *spécialement pour le peuple d'Israël*, comme on peut s'en convaincre en ouvrant la Bible et en y comparant l'Ancien et le Nouveau-Testament (*). NOTRE-SEIGNEUR JÉSUS-CHRIST, qui pardonne à tous ses ennemis, dont toutes les paroles sont de charité et de douceur, ne nous enseigne pas à donner la mort ; je n'entamerais pas une discussion à cet égard ; mais j'espère que les personnes qui concourront, mettront en évidence que la suppression de la peine de mort serait en *parfaite harmonie* avec les lois *divines* et humaines (**).

---

(*) M. Livingston estime que Jésus-Christ a tout-à-fait aboli la loi du Talion.

*Note de M. de S.*

(**) J'ai été confirmé dans cette opinion par un

J'observerais que l'état des mœurs et de la civilisation à Genève est tout-à-fait favorable à ma proposition. L'éducation de la jeunesse y est parfaite ; des Dames sensibles et actives, y surveillent celle des jeunes filles pauvres privées de leurs parens. L'oisiveté, mère de tous les vices, y est vouée au mépris. Les beaux-arts qui ornent la vie et adoucissent les mœurs, y sont en honneur, l'industrie y est croissante ; tout concourt à rendre les mœurs excellentes; le sentiment religieux y est cultivé par un clergé respectable qui donne les meilleurs exemples, et chacun dans sa sphère contribue à la prospérité et à la sûreté de l'Etat par le sacrifice de son temps, de sa bourse et de ses lumières. Les intérêts de toutes les classes de la société sont représentées dans le sein du Conseil Souverain, nommé par la Nation, et une milice, brave et disciplinée, maintient la plus grande tranquillité. Joignez à ces considérations l'assurance que

---

pieux et savant Ecclésiastique que j'ai consulté, qui est convaincu que le Législateur à cet égard est parfaitement libre.

*Note de M. de S.*

nous donne notre aggrégation à la Suisse et la paix de l'Europe, et l'on conviendra que jamais époque ne fut plus propre à abolir une loi qui amène des scènes cruelles, lesquelles ne produisent d'autres effets que d'endurcir quelques cœurs déjà gangrenés, et de donner trop de compassion aux autres pour les patiens. J'espère que Genève, qui depuis 300 ans, se distingue par son amour pour la liberté, par le courage avec lequel elle a défendu son indépendance, par les grands hommes qu'elle a produits dans tous les genres, se distinguera encore par l'humanité et la sagesse de son Code pénal; c'est à la Patrie de Le Fort, qui seconda si puissamment Pierre-le-Grand dans son entreprise de civiliser la Russie; à la Patrie de J.-J. Rousseau, qui, par sa sublime éloquence, ramena les femmes aux devoirs que la nature leur impose; à la Patrie de Necker, qui, par son fameux *compte-rendu*, fit faire le premier pas à la France dans la carrière constitutionnelle, qu'il appartient de donner ce bel exemple, de supprimer une peine qui ne produit aucun bien, et fait dans mon opinion beaucoup de mal. Je citerais à ceux qui balancent encore entre la sévérité et l'humanité, ce précepte d'un sage persan : *Dans le doute, abstiens-toi;* et certes, c'est quand il est question de verser le sang de son semblable qu'il est bon de *s'abstenir*. Je veux revenir encore sur le danger de l'évasion d'un coupable, et j'espère que les architectes, les serruriers et enfin tous ceux qui sont chargés de construire ou de surveiller les prisons, profiteront de tout le développement qu'acquièrent journellement les arts et les métiers, pour enlever aux partisans de la peine de mort ce motif de la maintenir. Les protecteurs de la Maison pénitentiaire, ceux qui ont engagé l'Etat à faire une dépense si excessive *vu nos moyens*, sont intéressés à prouver son *utilité ;* et comment le faire d'une manière plus éloquente qu'en persuadant à la législation de lui faire servir d'instrument à la suppression de la peine de mort (*).

---

(*) M. Livingston voudrait qu'on placât cette décision de Dieu qui nous est rendue par un prophète, sur la porte de la prison pénitentiaire : *comme je vis ; je ne prends point plaisir à la mort du pécheur ; mais je préfère qu'il se corrige de son iniquité et qu'il vive.*

*Note de M. de S.*

# *Lettre*

## A M. le Président de la Société de lecture du Musée.

Monsieur le Président,

M'étant assuré que la Société ne possède pas le *Traité des Délits et des Peines* de Beccaria (*), j'ai pensé faire une chose agréable à ceux qui s'occupent de législation criminelle, en vous adressant quelques extraits de cet ouvrage qui appartiendront à la Société qui est le rendez-vous de toutes les connaissances utiles et agréables, et qui doit tant à votre zèle éclairé.

Si la réputation de cet ouvrage n'était pas aussi grande, je rappellerais qu'à peine avait-il paru, que dans les six mois qui suivirent on épuisa trois éditions, et qu'il fut couronné à Berne, en 1763, par la Société Typographique ; à *Berne*, dis-je, où l'on ne se hâtait certainement pas d'accueillir *légèrement* les idées

---

(*) La biographie universelle contient, au quatrième volume, un article très-bien fait sur le marquis de Beccaria, né à Milan en 1735.

*Note de M. de S.*

nouvelles. Au reste, la meilleure manière de le louer, c'est de le citer, et c'est ce que je vais faire.

« Parmi les hommes réunis, il s'exerce un effort continuel qui tend à placer dans une partie de la société toute la puissance et tout le bonheur, et dans l'autre toute la misère et toute la faiblesse (*). L'effet des bonnes lois est de s'opposer sans cesse à cet effort. Mais les hommes abandonnent ordinairement le soin de régler les choses les plus importantes, à la prudence du moment ou à la discrétion de ceux-là mêmes qui sont intéressés à rejeter les meilleures institutions. Aussi n'est-ce qu'aux dernières extrémités, et lassés de souffrir, qu'ils se déterminent à remédier aux maux dont ils sont accablés. Ce n'est qu'après avoir passé par mille erreurs funestes à leur vie et à leur liberté, qu'ils ouvrent les yeux à des vérités palpables, qui, par leur simplicité même, échappent aux esprits

(*) Quand Beccaria écrivait cela, l'Angleterre seule jouissait du système *représentatif* et constitutionnel qui assure les droits de tous en prévenant l'anarchie.

*Note de M. de S.*

vulgaires, incapables d'analyser les objets, et accoutumés à ne recevoir que des impressions vagues et confuses sur parole et sans examen.

« Ouvrons l'histoire, nous verrons que les lois qui devaient être des conventions entre les hommes libres, n'ont été le plus souvent que l'instrument des passions d'un petit nombre, ou l'effet d'un besoin fortuit et passager, jamais l'ouvrage d'un examinateur impartial de la nature humaine, qui ait sû rapporter à un centre commun les actions d'une multitude d'hommes, et les diriger à cet unique but, *la plus grande félicité du plus grand nombre.* (*) Heureuses les nations qui n'ont point attendu que la succession lente des combinaisons et des vicissitudes humaines fit de l'excès du mal un acheminement au bien; mais qui, par de sages lois, ont hâté le passage de l'un à l'autre. Quelle reconnaissance ne mérite pas du genre humain le philosophe qui, du fond d'un cabinet obscur et dédaigné, a eu le courage de jeter parmi la

---

(*) Cette grande pensée devait être le guide de tous les gouvernemens et de toutes les assemblées législatives.
*Note de M. de S.*

multitude les premières semences long-temps infructueuses des vérités utiles !

(*) C'est donc la nécessité seule qui contraignit chaque homme à céder une portion de sa liberté, d'où il suit que chacun n'en a voulu mettre dans le dépôt commun que la plus petite portion possible, la seule partie dont le sacrifice était nécessaire pour engager les associés à le maintenir dans la possession du reste. L'assemblage de toutes ces portions de liberté, les plus petites que chacun ait pu céder, est le fondement du droit de punir de la société. Tout exercice du pouvoir qui s'étend au-delà de cette base est *abus*, et non *justice ;* est un *fait*, et non un *droit.* (**) Toute peine est injuste, aussitôt qu'elle n'est pas nécessaire à la conservation du dépôt de la liberté publique. (***) Les peines seront d'autant plus

---

(*) Dans le chapitre de l'origine des peines et du fondement du droit de punir.

*Note de M. de S.*

(**) D'après Beccaria, la peine de mort serait injuste, si l'on parvenait à prouver qu'elle est inutile.

*Note de M. de S.*

(***) Il est nécessaire d'observer que le terme *droit* n'est pas contradictoire au mot *force.* Le droit est plutôt

justes, que le souverain conservera aux particuliers une liberté plus grande, et qu'en même temps la liberté publique demeurera plus inviolable et plus sacrée.

L'auteur tire la conséquence suivante des principes qu'il a établi plus haut: « Quand l'atrocité des peines ne serait pas réprouvée par ces vertus bienfaisantes qui sont l'ouvrage de la raison éclairée, et qui feront toujours préférer de commander plutôt à des hommes heureux et libres, qu'à un troupeau d'esclaves; quand elle ne serait pas directement opposée au bien de la société et à l'objet même auquel elle est dirigée, qui est d'empêcher les crimes, c'est

---

une modification de la force; c'est la restriction la plus utile au plus grand nombre de la force de chacun. Par *justice*, je n'entends rien autre chose que le lien nécessaire pour réunir les intérêts particuliers, et sans lequel, en se séparant de nouveau, ils ramèneraient l'ancien état d'insociabilité. Il faut éviter d'attacher au mot *justice* l'idée d'une force physique ou d'un être existant. C'est une simple manière de concevoir des hommes qui influe sur la félicité de chacun d'eux. Je n'entends pas parler ici de la justice de Dieu, qui est d'une autre espèce, et qui a ses relations immédiates avec les peines et les récompenses d'une vie à venir.

*Note de l'Auteur.*

assez qu'elle soit inutile pour devoir être regardée comme injuste, et comme contraire à la nature du contrat social (*).

Il n'y a rien de plus dangereux que l'axiome commun, *il faut prendre l'esprit de la loi.* Après avoir développé tous les dangers de l'arbitraire, il continue ainsi : « Avec des lois pénales entendues toujours *à la lettre*, chacun peut calculer et connaître exactement les inconvéniens d'une mauvaise action, ce qui est utile pour l'en détourner; et les hommes jouissent de la sûreté de leurs personnes et de leurs biens, ce qui est juste, puisque c'est le but de leur réunion en société.

« Mais la barbarie et les idées féroces des chasseurs du Nord, à qui nous devons notre origine, subsistent encore parmi le peuple, dans nos mœurs et dans notre législation, la bonté des lois étant toujours en arrière de plusieurs siècles aux lumières actuelles des nations (**).

---

(*) Léopold base l'abolition de la peine de mort sur une partie de ces principes.

*Note de M. de S.*

(**) Cette remarque de Beccaria est aussi vraie que

« Les formes sont nécessaires dans l'administration de la justice, soit parce qu'elles ne laissent rien à l'arbitraire de la part du Magistrat, soit parce qu'elles font comprendre au peuple que les jugemens ne sont point tumultuaires et intéressés, mais réguliers ; soit enfin parce que les sensations sont des impressions plus fortes que les raisonnemens sur les hommes imitateurs et esclaves de l'habitude, et que la vérité, souvent trop simple ou trop compliquée, a besoin de quelque pompe extérieure pour obtenir le respect d'un peuple ignorant ; mais elles ne doivent jamais être fixées par les lois de manière qu'elles puissent devenir funestes à l'innocence, sans quoi elles entraîneront les plus grands inconvéniens.

« On peut donc admettre en témoignage toute personne qui n'a aucun intérêt de mentir. La crédibilité d'un témoin est donc plus ou

---

judicieuse, et il n'est pas difficile de prouver que c'est la branche la plus pauvre de l'arbre de la civilisation qui en a poussé de si belles depuis 50 ans.

*Note de M. de S.*

moins grande, à proportion de la haine ou de l'amitié qu'il porte à l'accusé, et des autres relations plus ou moins étroites qu'ils ont ensemble. Un seul témoin ne suffit pas, parce que tant que l'accusé nie ce qu'un seul témoin affirme, il n'y a rien de certain, et le droit que chacun a d'être cru innocent prévaut.

« La crédibilité d'un témoin est d'autant moindre que le crime est plus atroce et moins vraisemblable. Les criminalistes ont un principe entièrement contraire. Voici leur axiome dicté par la plus cruelle imbécillité : *In atrocissimis leviores conjecturæ sufficiunt, et licet Judici jura transgredi.* Traduisons-le en langage vulgaire, et que les Européens y voient une de ces maximes déraisonnables et en si grand nombre, auxquelles ils sont soumis presque sans le savoir : *Dans les délits les plus atroces*, (c'est-à-dire les moins probables), *les conjectures les plus légères suffisent contre l'accusé, et le Juge peut s'écarter des lois.* Mais les absurdités pratiques de la législation sont souvent l'ouvrage de la crainte, source féconde des contradictions humaines. Les Législateurs particuliers, c'est-à-dire les Jurisconsultes, dont l'autorité devient décisive après qu'ils sont morts, et qui, d'écrivains intéressés, et dont les opinions étaient vénales, deviennent arbitres souverains du sort des hommes; les Législateurs particuliers, dis-je, effrayés par la condamnation de quelque innocent, ont chargé la jurisprudence de formalités inutiles, dont l'exacte observation ferait asseoir l'impunité de l'anarchie sur le trône de la justice; d'autres fois, épouvantés par quelques crimes atroces et difficiles à prouver, ils ont cru devoir négliger les formes les plus nécessaires qu'ils avaient eux-mêmes établies. C'est ainsi que tantôt par un despotisme impatient, tantôt par une crainte puérile, ils ont transformé les jugemens que les hommes devaient respecter, en une espèce de jeu de hasard.

« Enfin, la croyance dûe à un témoin est presque nulle, quand il s'agit de discours dont on veut faire un crime; parce que le ton, le geste, tout ce qui précède, accompagne et suit les différentes idées que les hommes attachent aux paroles, altèrent et modifient les discours de telle manière qu'il est presque impossible de les répéter tels précisément qu'ils ont été tenus. Les actions violentes, et telles que le sont les véritables délits, laissent des traces dans la multitude de leurs circonstances et dans les effets qui en dérivent; et plus le nombre de ces effets et de ces circonstances allégués dans l'accusation est grand, plus l'accusé a de moyens de se justifier. Mais les discours ne laissent rien après eux, et ne subsistent que dans la mémoire des auditeurs, le plus souvent infidèle ou séduite. Il est donc infiniment plus facile de fonder une calomnie sur des paroles que sur des actions.

Après avoir tonné avec l'indignation d'une âme généreuse contre les accusations secrètes, il continue ainsi : « M. de Montesquieu a déjà dit que les accusations publiques sont conformes à la nature du gouvernement républicain, où le zèle du bien public doit être la première passion des citoyens, et que dans les Monarchies, où ce sentiment est très-faible par la nature du gouvernement, c'est un établissement sage que celui de magistrats, qui, faisant les fonctions de partie publique, mettent en cause les infracteurs des lois. Mais tout gouvernement soit républicain, soit monarchique, doit infliger au calomniateur la peine décernée contre le crime dont il accuse.

Dans l'article de la *question*, deux observations de Beccaria m'ont frappé, les voici : « Un homme ne peut être regardé comme criminel avant la sentence du Juge, et la société ne peut lui retirer la protection publique qu'après qu'il a été prouvé qu'il a violé les conditions auxquelles elle lui avait été accordée. Quel autre droit que celui de la force peut autoriser un juge à infliger une peine à un citoyen, lorsqu'on doute encore s'il est innocent ou coupable ? Ce n'est pas un dilemme bien difficile à saisir que celui-ci. Le délit est certain ou incertain; s'il est certain, il ne doit être puni que de la peine fixée par la loi, et la torture est inutile, parce que la confession même du coupable est inutile aussi. Si le délit est incertain, on ne doit pas tourmenter l'accusé, par la raison qu'on ne doit pas tourmenter un innocent, et que, selon les lois, celui-là est innocent, dont le crime n'est pas prouvé (*).

---

(*) D'après ce principe d'équité, la société devrait des indemnités à un innocent injustement arrêté. Léopold à l'article XLVI de son Code, détermine un mode pour les personnes injustement emprisonnées.

*Note de M. de S.*

Et le paragraphe page 41 qui commence ainsi : « On n'a pas assez remarqué un effet nécessaire de l'usage de la question; c'est de mettre l'innocent dans une condition pire que celle du coupable; l'un et l'autre étant appliqués à la torture, le premier a toutes les combinaisons contre lui; en effet, s'il avoue le crime qu'il n'a pas commis, il est condamné; s'il est déclaré innocent, il a souffert une peine qu'il ne méritait pas. Le coupable, au contraire, a un cas en sa faveur, puisque s'il résiste aux tourmens avec fermeté, il est absout; il a gagné au change, en subissant une peine plus légère que celle dont il était menacé. Ainsi l'innocent ne peut que perdre, et le criminel peut gagner.

« La torture est donc plutôt un sûr moyen de condamner les innocens faibles, et d'absoudre les scélérats robustes. »

Beccaria s'étonne avec raison de l'empire qu'exerce la tyrannie de l'usage qui, en dépit des lumières, maintient les plus mauvaises lois.

### *Des crimes commencés et des complices.*

Quelques Tribunaux offrent l'impunité au

complice d'un grand crime qui trahit ses compagnons. Un pareil expédient a ses inconvéniens et ses avantages. Les inconvéniens sont que la société autorise la trahison, détestée même des scélérats entr'eux; qu'elle introduit par là des crimes de lâcheté, qui sont plus funestes à une nation que les crimes de courage, parce que le courage n'est pas commun, et n'attend qu'une force bienfaisante qui le dirige et le fasse concourir au bien public; au lieu que la lâcheté est plus répandue, et que c'est un mal contagieux qui prend tous les jours de nouvelles forces. Le Tribunal qui emploie ce moyen, découvre son incertitude, et la loi montre sa faiblesse, en implorant le secours de celui-là même qui l'offense.

Il dit page 54 : « Les avantages sont de prévenir les grands crimes, et de rassurer le peuple qui se remplit de crainte, lorsqu'il voit des crimes commis, sans en connaître les auteurs. Cette pratique contribue aussi à montrer que celui qui viole les lois, c'est-à-dire les conventions publiques, viole facilement les conventions particulières. Il me semble qu'une loi générale qui promettrait l'impunité à tout complice qui découvre un crime, serait préférable à une déclaration particulière dans un cas particulier, parce qu'elle préviendrait l'union des méchans, en inspirant à chacun d'eux la crainte de s'exposer seul au danger, et qu'elle ne donnerait pas de l'audace à des scélérats qui voient qu'il y a des cas où l'on a besoin d'eux. Au reste, une pareille loi devrait joindre à l'impunité le bannissement du délateur......

*Douceur des peines.*

« La fin de l'établissement des peines ne saurait être de tourmenter un être sensible, ni de défaire (qu'on nous permette cette expression) un crime déjà commis. Comment un corps politique, qui, loin d'agir par passion, met un frein aux passions particulières, peut-il adopter cette cruauté inutile, instrument de la fureur et du fanatisme ou de la faiblesse des tyrans? Les cris d'un malheureux dans les tourmens peuvent-ils rappeler du passé qui ne revient plus, le crime qu'il a commis?

« Aussi convient-on que l'objet des peines est d'empêcher le coupable de nuire désormais à la société, et de détourner ses concitoyens de commettre des crimes semblables. Parmi les peines, on doit employer celles qui, étant proportionnées aux crimes, feront l'impression la plus efficace et la plus durable sur les esprits des hommes, et en même temps la moins cruelle sur le corps du criminel (*).

« A mesure que les supplices deviennent plus cruels, les âmes se mettant, pour ainsi dire, au niveau de la férocité des lois, s'endurcissent, et la force toujours vive des passions, fait, qu'au bout de cent ans, la roue n'effraye pas plus qu'auparavant la prison.

« Pour qu'une peine produise son effet, il suffit que le mal qu'elle cause, surpasse le bien qui revient du crime, en faisant même entrer dans le calcul de l'excès du mal sur le bien, la certitude de la punition et la perte des avantages que le crime produirait. Toute sévérité qui passe ces limites est inutile, et par conséquent tyrannique.

---

(*) Léopold a adopté entièrement cette opinion et l'a mise en pratique dans son Code.

*Note de M. de S.*

« Les hommes règlent leur conduite d'après l'action répétée des maux qu'ils connaissent, et non d'après celle des maux qu'ils ignorent. Qu'on suppose deux nations chez lesquelles, dans la progression des peines proportionnées à celles des crimes, la peine la plus grande soit dans l'une l'esclavage perpétuel (*), et dans l'autre la roue. Je dis que dans l'une et dans l'autre ces deux peines inspireront une égale terreur; et s'il y avait une raison de transporter dans la première de ces nations le supplice plus rigoureux établi dans la seconde, la même raison conduirait aussi à accroître dans celle-ci la cruauté du supplice, en passant de la roue à des tourmens plus lents et plus recherchés, et aux derniers raffinemens de la science des tyrans.

« C'est un point important dans toute législation de déterminer exactement les principes d'où dépendent la crédibilité des témoins et la force des preuves du crime. Tout homme raisonnable, c'est-à-dire dont les idées ont

(*) Par esclavage, il faut entendre prison perpétuelle.
*Note de M. de S.*

une certaine liaison entr'elles et dont les sensations sont conformes à celles de ses semblables, peut rendre témoignage, mais la croyance qui lui est dûe doit se mesurer sur l'intérêt qu'il a de dire ou de ne pas dire la vérité.

« Ce principe nous montre d'abord que c'est sur des motifs frivoles et puérils que les lois n'admettent en témoignage, ni les femmes, à cause de leur faiblesse, ni les condamnés (*), parce qu'ils sont morts civilement, ni les personnes notées d'infamie, puisque, dans tous cas, des témoins doivent être crus, lorsqu'ils n'ont aucun intérêt de mentir.

« Je finis par une réflexion. La grandeur des peines doit être relative à l'état actuel et aux circonstances données où se trouve une nation. Il faut des impressions plus fortes

---

(*) L'infortuné Lesurques aurait été sauvé si l'on en avait cru les coupables qui tous avouaient leur crime, et protestaient de son innocence, en chargeant un nommé Dubosc fugitif. Le ministère public et les juges, frappés de cet accord, demandèrent un sursis, mais le directoire exécutif ne se crut pas en droit de l'accorder, et l'innocent fut exécuté peu de temps avant l'arrestation du véritable coupable.

et plus sensibles sur les esprits d'un peuple à peine sorti de la barbarie. Il faut un coup de tonnerre pour abattre un lion féroce que le coup de fusil ne fait qu'irriter; mais à mesure que les âmes s'amollissent dans l'état de la société, la sensibilité de chaque individu augmente, et son accroissement demande qu'on diminue la rigueur des peines, si l'on veut conserver les mêmes rapports entre l'objet et la sensation.

### *De la peine de mort.*

« Cette profusion inutile de supplices, qui n'a jamais rendu les hommes meilleurs, m'a poussé à examiner si la peine de mort est véritablement utile et juste dans un Gouvernement bien organisé. Quel peut être ce *droit* que les hommes se donnent d'égorger leur semblable? Ce n'est certainement pas celui sur lequel sont fondées la souveraineté et les lois. Les lois ne sont que la somme des portions de liberté de chaque particulier, les plus petites que chacun ait pu céder. Elles représentent la volonté générale qui est l'assemblage de toutes les volontés particulières. Or qui jamais a voulu donner aux autres hommes le *droit* de lui ôter la vie? Comment dans les plus petits sacrifices de la liberté de chacun, peut se trouver compris celui de la vie, le plus grand de tous les biens? Et si cela était, comment concilier ce principe avec cette autre maxime, que l'homme n'a pas le droit de se tuer lui-même, puisqu'il a dû l'avoir, s'il a pu le donner à d'autres ou à la société.

La peine de mort n'est donc autorisée par aucun *droit*. Elle ne peut être qu'une guerre de la nation contre un citoyen dont on regarde la destruction comme utile et nécessaire à la conservation de la société. Si donc je démontre que, dans l'état ordinaire de la société, la mort d'un citoyen n'est ni utile ni nécessaire, j'aurai gagné la cause de l'humanité.

« Dans un état défendu contre les ennemis du dehors, et soutenu au dedans par la force, et par l'opinion plus efficace que la force même; où l'autorité est toute entière entre les mains du Souverain; où les richesses ne peuvent acheter que des plaisirs et non du pouvoir;

il ne peut y avoir aucune nécessité d'ôter la vie à un citoyen (*).

Quand l'expérience de tous les siècles ne prouverait pas que la peine de mort n'a jamais arrêté les hommes déterminés de nuire à la société; quand l'exemple des Romains; quand vingt années de règne de l'Impératrice de Russie, Elisabeth, donnant aux Pères des peuples un exemple plus beau que celui des plus brillantes conquêtes, quand tout cela, dis-je, ne persuaderait pas les hommes à qui le langage de la raison est toujours suspect, et qui se laissent plutôt entraîner à l'autorité; il suffirait de consulter la nature de l'homme, pour sentir cette vérité.

Ce n'est pas l'intensité de la peine qui fait le plus grand effet sur l'esprit humain, mais sa durée : parce que notre sensibilité est plus

---

(*) On dirait que Beccaria a en vue la position actuelle de Genève, qu'un homme d'un esprit supérieur (et dont les mots heureux ont fait fortune dans le monde) a appelé la *cinquième* partie du monde, parce qu'il y a vu apparemment plus de vertus, d'esprit public, et de lumières que dans les quatre autres.

*Note de M. de S.*

facilement et plus durablement affectée par des impressions faibles, mais répétées, que par un mouvement violent, mais passager. L'empire de l'habitude est universel sur tout être sensible ; et comme c'est elle qui enseigne à l'homme à parler, à marcher, à satisfaire ses divers besoins, ainsi les idées morales se gravent dans l'esprit humain par des impressions répétées. La mort d'un scélérat sera par cette raison un frein moins puissant du crime, que le long et durable exemple d'un homme privé de sa liberté, et devenu un animal de service, pour réparer par les travaux de toute sa vie, le dommage qu'il a fait à la société.

Ce retour fréquent du spectateur sur lui-même *si je commettais un crime je serais réduit toute ma vie à cette malheureuse condition*, fait une bien plus forte impression que l'idée de la mort que les hommes voient toujours dans un lointain obscur.

La terreur que cause l'idée de la mort, a beau être forte, elle ne résiste pas à l'oubli si naturel à l'homme même dans les choses les plus essentielles, surtout lorsque cet oubli est appuyé par des passions. Règle générale. Les impressions violentes surprennent et frappent, mais leur effet ne dure pas. Elles sont capables de produire ces révolutions qui font tout-à-coup d'un homme vulgaire un Lacédémonien ou un Romain ; mais dans un Gouvernement tranquille et libre elles doivent être plus fréquentes que fortes.

La peine de mort infligée à un criminel n'est pour la plus grande partie des hommes qu'un spectacle, un objet de compassion ou d'indignation. Ces deux sentimens occupent l'âme des spectateurs bien plus que la terreur salutaire que la loi prétend inspirer. Mais pour celui qui est témoin d'une peine continuelle et modérée, le sentiment de la crainte est le dominant, parce qu'il est le seul. Dans le premier cas, il arrive au spectateur du supplice la même chose qu'au spectateur d'un supplice de drame; et comme l'avare retourne à son coffre, l'homme violent et injuste retourne à ses injustices.

« Afin qu'une peine soit juste, elle ne doit avoir que le degré d'intensité qui suffit pour éloigner les hommes du crime. Or je dis qu'il n'y a point d'homme, qui avec un peu de réflexion puisse balancer entre le crime, quelque avantage qu'il s'en promette, et la perte entière et perpétuelle de sa liberté. Donc l'intensité de la peine d'un esclavage perpétuel a tout ce qu'il faut pour détourner du crime l'esprit le plus déterminé, aussi bien que la peine de mort. J'ajoute qu'elle produira cet effet encore plus sûrement. Beaucoup d'hommes envisagent la mort d'un œil ferme et tranquille, les uns par fanatisme, d'autres par cette vanité qui nous accompagne au-delà même du tombeau; d'autres par un dernier désespoir qui les pousse à sortir de la misère, ou à cesser de vivre. Mais le fanatisme et la vanité abandonnent le criminel dans les chaînes, sous les coups, dans une cage de fer; et le désespoir ne termine pas ses maux, mais les commence. Notre âme résiste plus à la violence et aux dernières douleurs qui ne sont que passagères, qu'au temps et à la continuité de l'ennui; parce que dans le premier cas, elle peut, en se rassemblant pour ainsi dire, toute en elle même, repousser la douleur qui l'assaillit; et dans le second, tout son ressort ne suffit pas pour résister à des maux dont l'action est longue et continuée.

« Dans une nation où la peine de mort est employée, tout exemple de punition suppose un nouveau crime commis. Au lieu que l'esclavage perpétuel d'un seul homme donne des exemples fréquens et durables. S'il est important que les hommes ayent souvent sous les yeux les effets du pouvoir des lois, il est nécessaire qu'il y ait souvent des criminels punis du dernier supplice. Ainsi la peine de mort suppose des crimes fréquens, c'est-à-dire que, pour être utile, il faut qu'elle ne fasse pas toute l'impression qu'elle devrait faire.

« On me dira qu'un esclavage (*) perpétuel est une peine aussi douloureuse que la mort, et par conséquent aussi cruelle. Je réponds

---

(*) Par esclavage, Beccaria entend prison perpétuelle, car l'esclave se vend au profit d'un particulier, au lieu qu'un condamné appartient à la société qui n'en trafique pas ; il est bon d'observer que ces extraits sont une traduction où l'on s'est plus attaché au sens *littéral* de l'original qu'à un style élégant.

*Note de M. de S.*

qu'en rassemblant en un point tous les momens malheureux de la vie d'un esclave, sa peine serait peut-être encore plus terrible que le supplice le plus grand ; mais ces momens sont répandus sur toute la vie, au lieu que la peine de mort exerce toute sa force dans un court espace de temps. C'est un avantage de la peine de l'esclavage pour la société, qu'elle effraie plus celui qui en est le témoin, que celui qui la souffre ; parce que le premier considère la somme de tous les momens malheureux, et le second est distrait de l'idée de son malheur futur par le sentiment de son malheur présent. Tous les maux s'agrandissent dans l'imagination, et celui qui souffre, trouve des ressources et des consolations que les spectateurs de ses maux ne connaissent point, et ne peuvent croire, parce que ceux-ci jugent d'après leur propre sensibilité, de ce qui se passe dans un cœur devenu insensible par l'habitude du malheur.

« Mais celui qui voit un grand nombre d'années, ou même tout le cours de sa vie à passer dans la servitude et dans la douleur, esclave de ces mêmes lois dont il était protégé, et cela sous les yeux de ses concitoyens, avec lesquels il vit actuellement libre et en société, fait une comparaison utile de tous ces maux, de l'incertitude du succès du crime, et de la briéveté du temps pendant lequel il en goûterait les fruits, avec les avantages qu'il peut s'en promettre. L'exemple continuellement présent des malheureux qu'il voit victimes de leur imprudence, le frappe plus que celui du supplice qui l'endurcit, au lieu de le corriger.

« La peine de mort est encore un mal pour la société, par l'exemple d'atrocité qu'elle donne(*).

---

(*) Elle manque souvent son but; par exemple, la mort sanglante de Louis XVI a fait plus d'ennemis à la révolution qu'elle ne lui a donné de vigueur. Le mot touchant de l'abbé Edgeworth, confesseur du Roi, qui lui dit sur l'échafaud : *Fils de St. Louis, montez au Ciel*, retentit dans la Vendée et fit *des héros royalistes* d'une foule de simples paysans, comme Cathelineau, un de leurs chefs. On a beau faire tomber des têtes, on n'éteint pas les opinions, et la crainte de la mort est nulle pour les cœurs généreux. Un tribunal révolutionnaire, interrogeant le Prince de Talmont pris dans la Vendée les armes à la

Si les passions ou la nécessité de la guerre ont enseigné aux hommes à répandre le sang humain, au moins les lois dont le but est d'inspirer la douceur et l'humanité ne doivent pas multiplier les exemples de cette barbarie, exemples d'autant plus horribles, que la mort légale est donnée avec plus d'appareil et de formalité.

« Il me paraît absurde que les lois qui ne sont que l'expression de la volonté publique, laquelle déteste et punit l'homicide, en commettent un elles-mêmes, et que, pour détourner les citoyens du meurtre, elles ordonnent un meurtre public. Quelles sont les lois vraies et utiles ? Celles que tous proposeraient et voudraient observer dans

---

main il répondit, *faites votre métier, moi j'ai fait mon devoir.* La peine de mort appliquée à des causes politiques est une semence de réactions qui quelquefois se perpétuent et se renouvellent sans cesse. Des hommes plus altérés de sang que de liberté, en prodiguant les supplices ont réussi à décréditer les maximes les plus favorables à une *liberté sage* et bien entendue, et ont donné gain de cause à ses ennemis qui exploitent ce prétexte avec la mauvaise foi qui caractérise l'esprit de parti.

*Note de M. de S.*

ces momens auxquels se taît l'intérêt dont la voix est toujours écoutée, ou lorsque cet intérêt particulier se combine avec l'intérêt général : or quels sont les sentimens naturels des hommes sur la peine de mort ? Nous pouvons les découvrir dans l'indignation et le mépris avec lesquels on regarde le bourreau, qui n'est pourtant qu'un exécuteur innocent de la volonté publique, un bon citoyen qui contribue au bien général, un défenseur nécessaire de la sûreté de l'Etat au dedans, comme de valeureux soldats contre les ennemis du dehors. Quelle est donc l'origine de cette contradiction, et pourquoi ce sentiment d'horreur est-il ineffaçable dans l'homme, malgré tous les efforts de sa raison ? C'est que dans une partie reculée de notre âme, où les formes originelles de la nature se sont mieux conservées, nous retrouvons un sentiment qui nous a toujours dicté que notre vie n'est au pouvoir légitime de personne, que de la nécessité qui régit l'univers.

« Si l'on m'oppose que presque tous les siècles et toutes les nations ont décerné la peine de mort contre certains crimes, je réponds que cet exemple n'a aucune force contre la vérité à laquelle on ne peut opposer de prescription. L'histoire des hommes est une mer immense d'erreur, où l'on voit surnager çà et là, et à de grandes distances entr'elles, un petit nombre de vérités mal connues.

« Presque toutes les nations ont eu des sacrifices humains. Je puis me prévaloir avec bien plus de raison de l'exemple de quelques sociétés qui se sont abstenues d'employer la peine de mort, quoique pendant un court espace de temps; car c'est la nature et le sort des grandes vérités, que leur durée n'est qu'un éclair en comparaison de la longue et ténébreuse nuit qui enveloppe le genre humain. Ces temps fortunés ne sont pas arrivés encore, la vérité sera, comme l'a été jusqu'à présent l'erreur, le partage du plus grand nombre.

« Je sens que la voix d'un philosophe est trop faible pour s'élever au dessus du tumulte et des cris de tant d'hommes asservis aux préjugés d'une coutume aveugle. Mais le petit nombre de sages répandus sur la terre m'entendront et me répondront du fond de leur cœur. Et si cette vérité, que tant d'obstacles éloignent des Princes malgré eux, peut parvenir jusqu'à leur trône, qu'ils sachent qu'elle y arrive avec les vœux secrets de tous les hommes. Que le Souverain qui l'accueillera sache que sa gloire effacera celle des conquérans, et que l'équitable postérité placera ses pacifiques trophées au dessus de ceux des Titus, des Antonins et des Trajans (*) ».

Beccaria se livre ensuite à des considérations pleines d'une saine philosophie sur les moyens de prévenir les crimes, en instruisant le peuple, et en lui traçant ses devoirs en le rendant heureux. Tout son systême se réduit à ce que les lois doivent avoir pour but *la plus grande félicité du plus grand nombre*, et c'est effectivement le but où doivent tendre tous les Législateurs de Genève et de la Suisse entière. Il conclut en ces termes :

« Pour qu'une peine ne soit pas une violence d'un seul ou de plusieurs, contre un citoyen, elle doit être publique, prompte, nécessaire,

---

(*) Léopold a recueilli cette gloire; honneur soit rendu à sa mémoire.

*Note de M. de S.*

la moindre qui soit possible dans les circonstances données, proportionnée au délit, et fixée par la loi ».

J'espère que cet extrait donnera l'idée au Comité de la Société de lecture d'acquérir un ouvrage qu'on vient, dit-on, de réimprimer à Londres.

Veuillez, Monsieur le Président, agréer l'assurance de ma considération distinguée.

J.-J. DE SELLON.

---

*Fragmens de la Théorie des peines et des récompenses de Jérémie Bentham.*

Je ne puis me refuser la satisfaction de citer en faveur de mon opinion, quelques passages d'un ouvrage de Jérémie Bentham, que nous devons à un membre distingué du Conseil Représentatif de Genève, M. *Dumont;* je veux parler de la *Théorie des peines et des récompenses.*

Dans *l'examen de la peine de mort*, je trouve :

« Nous présenterons en dernier lieu des effets collatéraux résultant de la peine de mort, effets plus éloignés, moins manifestes, mais peut-être plus graves que les plus immédiats et les plus sensibles.

« Cependant ne perdons pas de vue que, pour l'objet pratique, l'examen d'une peine serait un travail stérile, si on ne la considérait pas par rapport à une autre peine avec laquelle on peut la comparer pour établir une préférence. Il en est d'une peine comme d'un impôt : montrer qu'un certain impôt est un mal, c'est semer un germe de mécontentement, et rien de plus. Pour être vraiment utile, il faut accompagner cette révélation nuisible de l'indication d'un autre moyen, qui, avec moins d'inconvéniens, donne un produit égal (*).

« 1.° La peine capitale n'est pas *convertible en profit;* elle ne donne point de dédommagement à la partie lésée; elle en détruit même la

---

(*) La prison perpétuelle répond à cet axiome pour les grands crimes.

*Note de M. de S.*

source; le délinquant par son travail pourrait réparer une partie du mal qu'il a fait : sa mort ne répare rien.

« 2.° Loin d'être convertible en profit, cette peine est une *perte*, une *dépense* dans ce qui fait la force et la richesse d'une nation, le nombre des hommes.

« Prenez la généralité des hommes; la mort est une peine très-forte, quoiqu'il y ait bien des degrés dans ses terreurs. Prenez la classe des grands criminels : pour les uns, la mort sera une peine excessive; pour d'autres, elle sera presque nulle; pour d'autres encore, elle sera un objet de désir (*).

« Dans tous les cas où le crime est commis, la peine de mort a été inefficace. Pourquoi l'a-t-elle été? C'est qu'elle porte sur la supposition d'un grand attachement à la vie, et que cet attache-

---

(*) J'ai été plus d'une fois peiné de lire dans la gazette qu'un scélérat *convaincu* avait montré le plus sublime courage sur l'échafaud; cela détruit l'effet de la peine et met l'intérêt du côté du coupable.

*Note de M. de S.*

ment n'existe pas, ou du moins n'est pas en proportion avec la force des motifs séducteurs.

« La peine de mort est défectueuse au plus haut degré par son *inégalité :* son opération est particulièrement incertaine et faible sur la classe la plus dépravée et la plus redoutable des malfaiteurs, celle des voleurs et des brigands de profession (*).

« Quand on observe à Newgate (**) le courage ou la brutale indifférence de la plupart des malfaiteurs, à l'article de la mort, on ne saurait douter qu'ils n'aient pris l'habitude d'envisager cette manière de finir leurs jours comme étant pour eux la mort naturelle, comme un accident qui ne doit pas plus les effrayer dans leurs entreprises que les naufrages et les boulets n'effraient les matelots et les soldats.

« La même objection s'applique à plusieurs

---

(*) « Ne savais-tu pas que nous étions sujets à une maladie de plus que les autres hommes, » disait un assassin sur la roue à son compagnon de supplice qui poussait des cris.

(*Tableau de Paris, par Mercier.*)

(**) Prison anglaise.

peines afflictives, mais quoique irrémissibles, elles ne sont pas *irréparables.* La mort seule ne laisse point de *ressource.*

« Il n'y a pas d'homme, un peu versé dans la procédure criminelle, qui ne pense avec terreur à combien peu de chose tient la vie d'un homme sous le poids d'une accusation capitale, et qui ne se rappelle des exemples où un individu n'a dû son salut qu'à quelque circonstance extraordinaire qui a mis son innocence au jour, lorsqu'elle était prête à succomber (*). Les chances de danger sont sans doute très-différentes selon les différens systêmes de procédure. Ceux qui admettent la torture, comme moyen d'arracher des aveux pour suppléer à des preuves incomplètes, ceux qui rendent l'instruction secrète,

---

(*) Les personnes qui voudraient maintenir la peine de mort comme *principe* devraient se souvenir de ce mot célèbre prononcé à la Tribune : *périssent les colonies plutôt qu'un principe*, qu'on pourrait interprêter ainsi : *périssent les innocens plutôt qu'un principe;* car il est impossible comme le dit J. Bentham, d'acquérir la certitude qu'on ne condamnera *jamais* un innocent.

*Note de M. de S.*

sont, pour ainsi dire, tout bordés de précipices. Mais y a-t-il des formes judiciaires qui puissent donner la certitude de se garantir toujours des pièges du mensonge et des illusions de l'erreur? Non. La sûreté absolue est un point de perfection dont on peut approcher plus qu'on ne l'a fait, sans pouvoir jamais y atteindre, car tout témoin peut être trompeur ou trompé; le nombre même de ceux qui déposent n'est pas une sauve garde infaillible; et, quant aux preuves qui se tirent des faits concomitans, les circonstances les plus concluantes en apparence, celles qui ne paraissent pouvoir s'expliquer que dans l'hypothèse du crime, peuvent être des effets du hasard, ou des arrangemens préconcertés par des complices. La seule preuve qui paraisse opérer une conviction complète, la confession libre de l'accusé, outre qu'elle est rare, ne donne pas même une certitude absolue, puis qu'on a vu des hommes, comme dans le cas du sortilège, s'avouer coupables, lorsque le crime supposé n'était pas possible.

« Ce ne sont pas là des alarmes imaginaires, déduites de simples possibilités : il n'est point d'archives criminelles qui ne présentent des exemples trop fameux de méprises funestes ; et celles qui, par un concours d'événemens singuliers, ont eu de l'éclat, ne peuvent que faire soupçonner beaucoup de victimes ignorées (*).

« Il faut même observer que les cas où le mot *évidence* est le plus prodigué, sont souvent ceux où les témoignages sont les plus douteux. Lorsque le délit présumé est du nombre de ceux qui excitent le plus d'antipathie, ou qui échauffent l'esprit de parti, les témoins presque à leur insçu se convertissent en accusateurs ; ils ne sont plus que les échos de la clameur publique ; la fermentation s'accroît par elle-même, et le doute n'est plus admis. Ce fut un vertige de cette nature qui emporta d'abord le peuple, et bientôt les juges, dans la malheureuse affaire des Calas.

---

(*) Ecoutez et méditez ces paroles, partisans de la peine de mort ; elles ne sortent pas de la plume d'un philantrophe ordinaire ; si vous voulez vous en convaincre, lisez son article dans la Biographie des contemporains qui est à la société de lecture du musée et ailleurs, mais lisez surtout ses ouvrages.

*Note de M. de S.*

« Le danger de la peine capitale paraît encore plus frappant dans les cas où elle a servi d'instrument aux passions des hommes puissans, qui ont trouvé des juges faciles à intimider ou à corrompre. Dans ces cas, l'iniquité, couverte de toutes les formes de la justice, peut échapper si non aux soupçons, du moins à toutes les preuves. La peine capitale offre même, au persécuteur comme au juge, un avantage qui ne se trouverait dans aucune autre peine; je veux dire plus de sécurité dans le crime, en étouffant par la mort toute réclamation future (*). Au lieu

---

(*) Ce qui me détermine à désirer que la peine de mort soit supprimée *comme maxime*, pour me servir des expressions de Léopold, c'est que si l'on faisait la moindre exception on en abuserait. Des partisans de la suppression de cette peine *en général* demandent pourtant son *maintien*, dans le cas où la vie d'un individu menacerait la *société entière*; mais je le demande à tous ceux qui ont lu l'histoire avec fruit, que disaient les puritains fanatiques de Cromwell en traînant Charles 1.er à l'échafaud; que disait la Convention quand elle condamnait à mort Louis XVI et son auguste famille? Que disaient Charles IX et Catherine de Médicis pour motiver le massacre de la Saint-Barthélemy? Et la Reine Elisabeth d'Angleterre, jalouse

qu'un opprimé, quelque abattu qu'il puisse être, peut, durant toute sa vie, trouver une circonstance favorable pour mettre son innocence au jour, et devenir son propre vengeur. Ainsi l'assassinat juridique, justifié pour le public par une accusation calomnieuse, assure le triomphe de ceux qui l'ont commis. Ils auraient eu tout à craindre dans un crime inférieur : le silence de la mort met le sceau à leur sûreté (*).

« Si l'on considère même ces événemens

---

des charmes de Marie Stuart et la faisant périr, après avoir feint de l'accueillir comme on doit accueillir tout Souverain *quelconque* quand il est *malheureux ;* ils coloraient tous, sans exception, leurs atrocités, du spécieux prétexte de *l'intérêt* de la *société*, tandis qu'il n'est aucune de ces condamnations qui n'ait attiré sur la société des malheurs plus ou moins grands. Quel service le Législateur rendrait au pouvoir exécutif, en le dispensant de faire mettre à exécution des arrêts qui peuvent *selon les cas* bouleverser l'Etat.

*Note de M. de S.*

(*) L'auteur oublie qu'ils ne sont pas à l'abri d'une *réaction*, quand une mort violente est le fruit de l'esprit de parti. A Lyon et dans tout le Midi, la *réaction* après la *terreur* fut sanglante.

*Note de M. de S.*

rares, mais qui peuvent toujours renaître; ces époques où un Gouvernement dégénère en anarchie ou en tyrannie, on verra que la peine capitale, établie par les lois, est une arme toute préparée, dont il est plus facile d'abuser que de toutes les autres peines. Un Gouvernement tyrannique pourrait toujours, il est vrai, rétablir la peine de mort, lorsqu'elle aurait été abolie par le Législateur. Mais une telle innovation n'est pas si facile; elle met trop la violence à découvert, elle sonne le tocsin de l'alarme. La tyrannie est bien plus à son aise, quand elle peut s'exercer sous le voile des lois, quand elle paraît suivre le cours ordinaire de la justice, et qu'elle trouve déjà les esprits accoutumés à ce genre de peine. Le duc d'Albe, tout féroce qu'il était, n'eût jamais osé immoler tant de milliers de victimes dans les Pays-Bas, s'il n'eût été reçu dans les opinions du temps que l'hérésie était un délit punissable de mort. Biren, non moins cruel que le duc d'Albe, Biren, qui peupla d'exilés les déserts de la Sibérie, les faisait mutiler, parce que la mutilation était une peine usitée, il n'osa que rarement les faire mourir, parce que la peine de mort ne l'était point. Tel est l'empire des habitudes jusque sur les hommes les plus effrénés. Et voilà une grande raison de profiter des temps paisibles, pour détruire ces armes tranchantes qu'on cesse de craindre quand la rouille les a couvertes, mais qu'il est trop facile d'aiguiser de nouveau, quand les passions veulent en faire usage (*).

« On doit ranger sous le même chef un autre inconvénient, résultant de la peine capitale dans l'administration de la justice ; savoir, *la destruction d'une* source de preuves testimoniales.

L'auteur remarque que la peine de mort n'est pas populaire en général et que de là il naît une « disposition dans les juges à une prévarication miséricordieuse en faveur des accusés. Et toutes ces dispositions antilégales répandent

---

(*) Ceci répond aux argumens de ceux qui disent qu'on sera si rarement dans le cas d'appliquer la peine de mort à Genève, qu'il ne vaut pas la peine de la supprimer.

*Note de M. de S.*

la plus grande incertitude sur l'exécution des lois, sans compter que le respect qu'on leur doit est comme perdu, quand il paraît méritoire de les éluder. »

*Récapitulation et comparaison de la peine capitale avec les peines qu'on peut lui substituer.*

L'auteur combat ici l'argument qu'il n'y a pas d'autre moyen que la peine de mort pour prévenir le danger dont on était menacé de la part de certains criminels. — « Assertion très-exagérée, dont on peut démontrer la fausseté par rapport aux meurtriers les plus redoutables, ceux qui, n'ayant d'autre motif que la cupidité, tiennent le glaive levé sur toutes les têtes : ils ne sont ni si dangereux que des fous furieux, ni si difficiles à contenir. Les premiers calculent ; ils ne commettront le crime que dans le cas où il y a un profit à faire, et une probabilité d'évasion. Le mal à redouter de la part des fous furieux n'est point limité par ces deux circonstances ; cependant, on n'a jamais cru nécessaire de les mettre à mort; on se borne à les enfermer, et ce moyen remplit parfaitement son objet (*).

« C'est un mot à méditer que celui d'un vieux Irlandais, qui, dans une guerre civile, était tombé entre les mains de ses ennemis. Le bourreau venait d'abattre une tête, on la lui porte toute sanglante : « Regarde, malheureux, la tête de ton fils. » — « Mon fils, répond-il, a plus d'une tête (**).

---

(*) L'auteur part du principe que la *peine* ne doit être considérée que dans ses rapports avec l'intérêt de la société et *non* dans un esprit de *vengeance*.

(**) Les ennemis de toute distinction, les niveleurs français, ont eu beau faire périr des nobles, il y a plus de nobles que jamais en France, et ils ont de plus que leurs titres les *honneurs*, de la *persécution*. Ils ont voulu détruire le clergé; eh bien ! le clergé est aussi nombreux et aussi puissant que jamais. La mort n'atteint ni les *opinions*, ni les *classes*. Les niveleurs anglais ont également échoué dans leurs tentatives sanguinaires, et l'Angleterre ainsi que la France a reconnu que *l'égalité* devant la *Loi* était la seule *possible* dans un grand Empire de la *vieille Europe*, preuve de plus de l'inefficacité de la peine de mort en *politique*.

*Note de M. de S.*

« Il me paraît certain que l'emprisonnement *perpétuel et laborieux* ferait une impression plus profonde sur leur esprit que la mort. Nous avons déjà vu qu'ils n'ont pas les mêmes raisons d'attachement à la vie que la partie innocente et industrieuse de la société. Ils sont dans l'habitude de la risquer; l'intempérance, qui est presque une nécessité de leur état, enflamme leur brutal courage. Mais toutes les causes qui leur rendent la mort moins formidable leur inspirent de l'aversion pour un assujettissement laborieux. Plus leur existence ordinaire est indépendante, vagabonde, ennemie du travail et de la régularité, plus ils seront effrayés d'un état de soumission passive et d'une captivité laborieuse; ce genre de vie leur présente un combat continuel contre leurs inclinations.

### *Mauvais effets collatéraux de la peine capitale.*

« Le premier est de relacher la procédure en matière criminelle; le second, de fomenter trois principes vicieux : — 1.° le parjure, qui semble devenir méritoire quand il a pour motif l'humanité; 2.° le mépris des lois quand il est de notoriété publique qu'on ne les exécute plus; 3.° l'arbitraire dans les jugemens et dans les pardons, palliatif nécessaire d'un système *odieux*, mais palliatif plein d'abus et de dangers.» (*)

L'auteur cite les bills de sir Samuel Romilly pour l'abolition de la peine de mort pour filouterie dans lesquels il s'appuyait surtout sur la *non exécution* de la loi par la répugnance des juges a appliquer une loi aussi sévère. « Il a montré que la loi ne s'exécutait point, parce qu'elle était réprouvée non secrètement et par un petit

---

(*) Ici l'auteur fait allusion au droit de faire *grâce* que les Souverains se réservent et que le C. R. de Genève a délégué au Tribunal de recours. Effectivement si la punition de mort d'un assassin est considérée comme une satisfaction donnée à la société et à la famille de la victime, un acte *arbitraire* du Souverain détruit à la fois ces deux résultats, et la clémence dont on use vis-à-vis d'un individu qui a commis le *même crime* que *celui* qui vient de périr sur l'échafaud, donne une singulière idée au peuple de la distribution de la Justice, surtout si l'on peut supposer que cette *grâce* ait été obtenue par l'intrigue et la *faveur*.

*Note de M. de S.*

nombre, mais ouvertement par tout le public; et qu'en conséquence de cette désapprobation, les parties lésées, les accusateurs, les témoins, les jurés, les juges, le *Roi* lui-même entraient tout à découvert dans ce plan de rémission ; or, que peut-on imaginer de plus favorable aux délinquans, qu'un mode d'administrer la justice qui leur offre à chaque pas de la procédure, autant de chances d'évasion que la loi a de désapprobateurs ».

L'auteur en parlant de la lenteur avec laquelle l'esprit de réforme procède en Angleterre, le fait avec éloge; pourtant il ajoute après : *Combien de temps et d'efforts n'a pas couté l'abolition de la traite des Noirs*; j'ai comparé plus d'une fois dans ma pensée l'abolition de la peine de *mort* qui blesse l'humanité *à mes yeux* à l'abolition de cette horrible *traite.* L'auteur espère que les discussions élevées sur la loi criminelle, dans les deux chambres du Parlement Britannique, amèneront des résultats glorieux et heureux pour ce pays, qui est fait pour donner tous les grands exemples de sociabilité.

« Un premier effet de ces discussions mérite

bien d'être remarqué. En Angleterre et en Irlande, plusieurs chefs de manufactures de toile de coton, exposés, par la nature de leurs travaux, à de grandes déprédations, se sont réunis pour demander l'abolition de la peine de mort contre ce genre de vol en particulier. Leur raison est que la sévérité de la loi les protège bien moins qu'elle ne protège les malfaiteurs. Il ne s'agit plus de déclamer contre les raisonneurs, les philosophes, les théoristes. Voilà des hommes lésés qui sentent leur perte, qui ne consultent que leur intérêt, qui sollicitent des lois exécutables et exécutées ».

L'auteur nous ayant averti au commencement de son examen de la *peine* de mort, qu'il serait stérile, si on *ne la* considérait par rapport à une autre peine avec laquelle on pût la comparer pour établir une *préférence*, il me paraît convenable de citer ici une portion de ce qu'il dit des Maisons Pénitentiaires ou *Panoptiques*.

« Le succès qu'on peut obtenir d'une maison de pénitence bien ordonnée, n'est plus aujourd'hui une simple probabilité, fondée sur des raisonnemens; l'expérience est faite : elle a réussi, même au-delà de ce qu'on avait espéré. Les quakers de Pensylvanie en ont eu l'honneur; c'est un des plus beaux fleurons de cette couronne d'humanité qui les distingue entre toutes les sociétés chrétiennes. Ils ont eu long-temps à lutter contre les obstacles ordinaires, la force des préjugés, l'indifférence du public, la routine des tribunaux et la repoussante incrédulité des froids raisonneurs.

« Sur la maison de pénitence de Philadelphie, outre les rapports officiels du directeur, nous avons deux relations de voyageurs désintéressés dont l'accord fait preuve, d'autant plus qu'ils ne portaient dans cet examen ni les mêmes préjugés, ni les mêmes vues; l'un est un Français, le duc de Liancourt, (*) très-versé dans le

---

(*) M. le Duc de Liancourt, de l'illustre maison de Larochefoucault, à qui la France doit tant de grands hommes, est Président de la *Société de la Morale Chrétienne* qui compte parmi ses membres le premier Prince du sang S. A. Royale Monseigneur le Duc d'Orléans. Cette Société à mis au concours la question de la *convenance* et de *l'utilité* de la peine de mort.

régime des hôpitaux et des prisons; l'autre est un Anglais, le capitaine Turnbull, plus occupé des sciences maritimes que des objets politiques.

---

Cette question importante à été traitée en dernier lieu par deux Français distingués, M. Durant, dont le cours de littérature et d'éloquence a fait connaître le talent, et M. Torombert de Lyon, qui, l'un et l'autre, sont pour la suppression de la peine de mort, et si j'ai bien compris l'esprit du programme de la *Société de Morale chrétienne*, la position des questions semble plutôt *appeler* la négative que l'affirmative, tout en laissant liberté entière aux concurrens. Il est tout simple que dans un grand Empire comme la France, on procède avec plus de lenteur dans les améliorations, que dans un Etat plus borné. Dans mon opinion, Genève peut devenir une sorte de *ferme expérimentale* où l'on essaierait tout ce qui serait *bien*, tout ce qui serait favorable à *l'humanité*; c'est alors que nous aurions le droit d'être fiers de notre petitesse que des esprits superficiels ont le tort de nous reprocher, oubliant que c'est par le degré de développement des qualités de l'âme qu'on apprécie une nation, et *non* par le nombre des lieues carrées de son territoire et celui de ses habitans. Athènes remplissait et remplit encore l'univers de son *nom*, tandis qu'on ne connaissait l'Empire *Persan*, que par les défaites de *Xerxès* et de *Darius*. Genève peut produire une liste d'hommes distingués, hors de proportion avec aucune ville de vingt-cinq mille âmes connues; c'est ce dont il est facile de se convaincre en

« Tous deux nous représentent l'intérieur de cette prison comme une scène d'activité paisible et régulière. On n'y voit ni hauteur ni rigueur de la part des geôliers, ni insolence ni bassesse de la part des prisonniers. La parole est douce avec eux ; on ne se permet pas même une expression blessante. Si quelque faute est commise, la seule peine du coupable est une clôture solitaire de quelques jours, et l'enregistrement de sa faute sur un livre où chacun d'eux a un compte ouvert pour le mal comme pour le bien. La santé, la décence et la propreté règnent partout. Rien qui offense les sens les plus délicats.

---

lisant *Spon*, *Bérenger*, *Sénebier*, *Picot*, enfin tous les Historiens de Genève ; et quand nous n'aurions produit que J.-J. Rousseau, ce serait assez pour notre gloire, puisque la France elle-même ne peut se vanter d'aucun prosateur plus éloquent. Un de nos compatriotes a aussi eu un succès très-flatteur ; c'est Delolme, dont l'ouvrage sur la *Constitution d'Angleterre* est cité comme classique, en Angleterre même. Je ne crains pas de le répéter, Genève est très-bien placée pour donner l'exemple de tout ce qui est *bon*, de tout ce qui est *beau* moralement parlant ; et l'abolition de la peine de mort serait le plus beau *fleuron* de sa *couronne*.

*Note de M. de S.*

Point de bruit, point de chants, point de conversation tumultueuse. Chacun, appliqué à son ouvrage, craint d'interrompre celui des autres; on maintient avec soin cette paix extérieure, comme favorable à la réflexion et au travail, et très-propre à prévenir cet état d'irritation si commun ailleurs entre les gardiens et les captifs. »

L'auteur ajoute ce qui suit : « Le mode nouveau, proposé par l'auteur du Panoptique, offre un perfectionnement sensible de la méthode des Américains, l'inspection est plus complète, l'instruction plus étendue, les évasions plus difficiles; la publicité est augmentée sous tous les rapports, la distribution des prisonniers par cellules et par classe obvie à l'inconvénient du mélange, qui subsiste encore dans la maison de pénitence de Philadelphie. Mais ce qui vaut plus que tout le reste, c'est que la responsabilité de l'administrateur est liée dans le système du Panoptique, avec son intérêt personnel, au point qu'il ne peut négliger aucun de ses devoirs sans être le premier à en souffrir, et que tout le bien qu'il fait à ses prisonniers, il se le fait à lui-même.

*Responsabilité de l'Administrateur.*

« Il est chargé d'une assurance sur les vies. D'après le calcul moyen des âges, on lui alloue une somme fixe pour chacun de ceux qui doivent mourir dans le courant d'une année ; mais à la fin de l'année, il doit payer la même somme pour chacun de ceux qu'il aura perdus par la mort ou par évasion. Le voilà donc constitué assureur de la vie et de la garde des prisonniers ; mais assurer leur vie, c'est en même temps assurer une multitude de soins dont dépendent leur santé et leur bien-être. »

L'auteur fait valoir l'avantage *de l'inspection continuelle du* Panoptique.

Je ne doute pas, que malgré tous les soins donnés à la construction et au régime de notre prison pénitentiaire, elle ne soit encore susceptible de perfectionnement, et qu'on ne parvienne à ôter toute inquiétude à ceux qui redouteraient de commuer la peine de mort en réclusion et en travaux dans cette prison. On pourrait créer un quartier à part pour ceux qui auraient mérité le *dernier supplice*. Car la réclusion perpétuelle et le travail pourraient devenir effectivement ce dernier supplice. Ils pourraient porter constamment un costume et un écriteau qui rappelleraient leur crime, et l'on pourrait à certaines époques fixées par la loi les exposer à la vue du public, et rappeler soit en *chaire* soit par des affiches renouvelées *d'année en année*, leur crime et leur *punition*. Ces vues sont conformes au *vrai principe* qui est de rendre la peine *efficace*.

Je finis cet exposé par la production du document le plus récent et le plus concluant en faveur de ma proposition, c'est l'accession de l'assemblée de la Louisiane aux bases posées dans le rapport de M. Livingston. Mes concitoyens y verront une République adopter des dispositions dont la principale est l'abolition ou la suppression *absolue de la peine de mort*.

---

# ACTE

## RELATIF AUX LOIS CRIMINELLES

### DE LA LOUISIANE.

---

ATTENDU qu'il est de la plus haute importance, dans tout Etat bien ordonné, que le Code des lois pénales repose sur ce principe « *la prévention du crime* » ; que tous les délits soient clairement et explicitement définis, en termes généralement intelligibles; que les peines soient proportionnées aux délits; que les preuves soient réglées et déterminées pour chaque cas; que la procédure soit simple; que les devoirs des magistrats, des officiers de justice et des individus qui les assistent, soient fixés par la loi. Et, attendu que le système des lois pénales qui régit actuellement cet Etat, est défectueux dans plusieurs, sinon dans tous les points sus-mentionnés, en conséquence :

ART. I.er *Il est ordonné, par le Sénat et la Chambre des Représentans de l'Etat de la Loui-*

*siane, réunis en assemblée générale :* Qu'une personne versée dans les lois soit nommée, par le Sénat et la Chambre des Représentans, dans la session actuelle, avec charge de préparer et de soumettre à la prochaine assemblée générale, un Code de lois pénales dans les deux langues française et anglaise, désignant tous les délits punissables par la loi; les définissant en termes clairs et précis; indiquant la peine applicable à chaque délit; établissant des règles pour les preuves en jugement; organisant le mode de procédure à suivre, et prescrivant les devoirs respectifs des officiers judiciaires et exécutifs dans l'exercice de leurs fonctions relatives.

Art. II. *Et il est de plus ordonné*, que la personne ainsi choisie recevra, pour ses services, telle indemnité qui sera fixée par l'assemblée générale à la session prochaine; et qu'une somme de cinq cents piastres lui sera payée, sur un mandat du gouverneur, par le trésor de l'Etat, pour lui faciliter les moyens de se procurer les informations et documens relatifs aux améliorations à effectuer dans la jurisprudence criminelle, particulièrement dans le système correctionnel adopté dans les différens Etats ; et qu'il croira utile de présenter à l'Assemblée générale, dans le rapport qu'il lui fera sur le plan du Code projeté. Il rendra compte à l'Assemblée générale de la manière dont il aura disposé desdites cinq cents piastres.

( *Approuvé le* 10 *Février* 1820. )

---

Nous soussignés, Secrétaire du Sénat, et Greffier de la Chambre des représentans de l'Etat de la Louisiane, certifions que le 13 février de l'année 1821 (*), M. Edouard Livingston

---

(*) N'ayant d'autre but dans cet écrit que de convaincre mes concitoyens que l'abolition de la peine de mort serait une mesure utile et honorable pour mon Pays, je ne crois pouvoir mieux l'atteindre qu'en leur faisant connaître une partie du rapport fait au Sénat de la Louisiane, par M. Livingston. La Louisiane est une *République*, elle fait partie d'une *Union* illustre, comme nous faisons partie de la *Confédération Suisse*, et ainsi que l'Acte d'Union l'Acte fédéral nous permet de nous donner les meilleures lois possibles, lors même qu'elles seraient différentes de celles des autres Etats de l'*Union;*

a été élu et nommé par les suffrages réunis de l'assemblée générale dudit Etat, pour tracer et préparer un Code criminel. En foi de quoi, nous avons signé le présent.

Nouvelle-Orléans, le 28 mars 1822.

(*Signé*), J. CHABAUD,
*Secrétaire du Sénat.*

(*Signé*), CANONGE,
*Greffier de la Chambre des Représentans.*

---

qu'on se rappelle aussi que la population de la Louisiane est d'environ 100,000 âmes. Nous devons à M. Taillandier la traduction de ce Rapport, ainsi que plusieurs autres écrits sur cette matière, dont j'ose recommander la lecture à ceux qui veulent réellement s'éclairer sur la matière *pénale*. La *Société de Lecture* en possède un exemplaire, et il est facile de se le procurer ailleurs.

# RAPPORT AU SÉNAT

ET A LA

# CHAMBRE DES REPRÉSENTANS,

RÉUNIS

## EN ASSEMBLÉE GÉNÉRALE.

J'ABORDE l'examen de la nature et des effets de ce dernier mode de punition, avec ce sentiment de recueillement et de terreur qu'éprouve nécessairement l'homme prêt à former une opinion qui va décider, peut-être, de la vie de ses concitoyens; et empreindre d'un caractère durable, le code pénal de sa patrie. J'ai tâché d'affranchir mon esprit de tous les préjugés dont l'éducation et l'habitude de penser pouvaient l'avoir entravé; et de le mettre dans la situation la plus convenable pour examiner, avec impartialité, les argumens pour et contre cette grande question. Dans cet objet, non-seulement j'ai consulté les auteurs qui ont écrit sur cette matière ; ceux du moins qui se trouvaient à ma portée, mais j'ai tâché, en outre, de me procurer des renseignemens sur les effets de cette punition pour divers crimes dans les pays où elle est infligée. Néanmoins, les circonstances ont réduit à bien peu de chose, les lumières que j'ai pu puiser dans ces deux sources. Les bibliothèques et librairies de cette ville sont, à peu près, dépourvues de livres de jurisprudence criminelle ; de ceux même qui sont le plus communément cités, et cette privation m'a fait plus vivement sentir le désappointement que j'ai éprouvé relativement aux informations que j'attendais des autres états. C'est avec ces faibles moyens, dont j'ai tâché, selon mes facultés, de tirer le meilleur parti possible, c'est après de longues méditations et seulement après avoir scrupuleusement analysé et débattu en moi-même les divers argumens que le bon usage de ma raison a pu suggérer à mon esprit, que je suis arrivé à la conclusion « Que la peine de mort devait être exclue du code que vous m'avez chargé de présenter ». En proposant ce résultat, j'éprouve une certaine défiance qui naît, non de quelque doute sur sa justice, je n'en ai aucun; mais de la crainte d'être estimé présomptueux, en franchissant ainsi le point de réforme pénale, auquel la sagesse des autres états, a jusqu'à présent jugé convenable de s'arrêter; et de la répugnance que je sens à opposer mon opinion à celles (qui ont plus que la mienne droit à la déférence publique) qui soutiennent encore l'utilité de cette punition, dans certains cas. Sur une question de pure spéculation, je céderais à cette autorité; mais dans l'espèce présente, je justifierais mal la confiance dont vous m'avez honoré, si je venais vous présenter les opinions des autres, quelque respectables qu'ils soient, au lieu de celles que les plus saines lumières de mon jugement me certifient être justes et vraies. L'exemple des autres états mérite certainement un grand respect, d'autant plus grand, que tous sans exception admettent cette punition. Mais cet exemple perdra quelque chose de sa force, si nous réfléchissons à la lenteur des progrès en amélioration, et si nous considérons l'opiniâtre résistance des principes de la *loi commune* qui ont principalement retardé notre marche en jurisprudence.

«En Angleterre, le Parlement a discuté, durant près d'un siècle, avant de parvenir à obtenir l'abolition de la peine de mort, pour deux ou trois cas, dans lesquels tout le monde s'accordait à trouver cette punition également absurde et cruelle. Elle a été maintenue, pour plus d'une centaine de cas du même genre ; et, quand on réfléchit sur ces faits ; quand on considère l'influence que les opinions régnantes en Angleterre ont toujours exercé, tant sur la littérature que sur la jurisprudence de notre patrie, il est facile de concevoir comment les autres états ont pu s'arrêter, dans la réforme de leurs lois pénales, et d'expliquer ce fait sans recourir à la supposition qu'ils ont atteint sur ce point la perfection qu'il serait présomptueux et imprudent de dépasser.

Quant à l'autorité des grands noms, elle a beaucoup diminué, depuis que les peuples ont commencé à penser par eux-mêmes et pour eux-mêmes; et que la législation a cessé d'être considérée comme un métier qui ne peut être exercé avec succès, que par ceux qui ont été élevés dans les mystères de la profession.

«Chez nous (*), la marche simple et expérimentale de cette science s'appuie sur des réalités pratiques, plus que sur des abstractions théoriques; sur des idées d'utilité générale, appropriées à l'état présent de la société et non sur les opinions spéculatives des auteurs en cette matière. Si la question devait être décidée par l'autorité des noms, celui de Beccaria, fut-il seul, assurerait la victoire. Mais la raison, et non les préjugés ni l'autorité, doit justifier la proposition que je présente à l'assemblée générale de ce changement important, et la raison seule peut l'engager à l'adopter. Je poursuis donc le développement des considérations qui ont porté la conviction dans mon âme; mais qui, exposées aujourd'hui, avec moins de force qu'elles ne furent alors senties, ne produiront pas, peut-être, sur les autres la même impression ni le même effet. Cet exposé sera considérablement abrégé par l'opinion, je puis dire uni-

---

(*) Tout ce paragraphe a l'air d'avoir été écrit pour nous.

*Note de M. de S.*

versellement admise dans les Etats-Unis, que ce mode de punition devrait être aboli pour tous les cas, hors ceux de trahison, de meurtre et de viol. Dans quelques états on l'applique aux incendiaires; et récemment, depuis qu'un si grand nombre de nos concitoyens influens se sont fait banquiers ou changeurs, on a découvert une forte propension à l'étendre à des contrefactions et émissions de faux billets.

« Il a donc été reconnu que cette punition était sans efficacité dans les cas ordinaires; a-t-on quelque raison valable pour croire qu'elle en ait davantage dans les plus graves.

« Ne perdons pas de vue, en raisonnant sur cette question, le grand principe « *que le but de la punition est de prévenir le crime.* » Il est certain que la mort remplit parfaitement cet objet par rapport au coupable : mais le grand point est l'exemple à donner aux autres; et si ce spectacle horrible n'est pas capable de détourner les hommes de la commission de légers délits, quelles raisons a-t-on de penser qu'il ait plus d'efficacité pour prévenir des actes plus atroces? Peut-on croire que la crainte d'une mort incertaine arrêtera le traître dont l'imagination s'enivre déjà du triomphe qu'il se promet, en détruisant la constitution et la liberté de sa patrie? Au sein des illusions brillantes d'une ambition effrénée; au milieu des rêves enchanteurs d'un succès anticipé; au moment où, défiant les hommes et les dieux il est prêt à confier sa destinée à la chance des combats, l'idée de cette possibilité lointaine viendra-t-elle, comme un talisman, glacer son audace, et plier son orgueil sous le joug des lois? le fera-t-elle rétrograder dans une carrière au bout de laquelle il voit déjà sa coupable ambition transformée par le triomphe, en vertu héroïque? Cette image fugitive arrêtera-t-elle le bras du méchant qui, d'un seul coup, peut assouvir la passion dominante de son cœur dans le sang de son mortel ennemi? calmera-t-elle la rage avide du lâche et secret assasin qui projette d'écarter le seul obstacle qui le sépare de la fortune et des honneurs attachés à la possession d'un riche, mais tardif héritage? Ce souvenir que chaque instant affaiblit maîtrisera-t-il l'effort des mouvemens les plus impétueux, lui qu'on avoue trop faible pour détourner des moindres inclinations criminelles? Si c'est là l'état réel de la question, il faut confesser qu'elle présente un paradoxe qui se renforce au lieu de se résoudre, quand on réfléchit que les grands crimes sont généralement commis par des hommes qu'une longue habitude de perversité a familiarisés avec l'idée de la mort, ou que des passions effrénées et un courage naturel rendent, en quelque sorte, indifférens à cette issue; et que le lâche empoisonneur, le perfide assassin, croient toujours avoir pris des précautions sûres contre le risque d'être découverts. Il est rare que l'exécution des grands crimes soit prévenue par la crainte de la mort; elle est de sa nature un remède inconvenable à ces genres de délits. Le conseiller ordinaire des trahisons, l'ambition, plane au-dessus de ses terreurs; l'avarice, qui instigue au meurtre secret, rampe au-dessous; et la fureur brutale qui précipite dans le dernier crime, (cité comme punissable de cette peine par nos lois), est d'une opiniâtreté proverbiale, qui ne connaît aucun obstacle à ses desirs, et ferme les yeux sur les conséquences quelles qu'elles puissent être, de son emportement. Détournez-vous, par la crainte de la mort, des êtres qui la bravent pour se satisfaire ? vous leur offrez au contraire une chance favorable, celle de n'être pas découverts. Mais présentez à ces hommes des conséquences plus redoutables pour eux, parce qu'elles sont plus diamétralement opposées aux jouissances qu'ils se promettent du crime. Etudiez les passions qui les entraînent, et agissez contre elles par les mortifications opposées aux délices qu'ils espéraient se procurer par le succès. L'homme ambitieux ne peut supporter les restrictions ordinaires du gouvernement, soumettez-le à celle des prisons ; que celui qui ne pouvait endurer la supériorité du magistrat civil le plus élevé en dignité, soit forcé de se soumettre à celle du dernier des porte-clefs. Il a cherché par le crime une prééminence sur ce qu'il y avait de plus respectable dans la société. Que sa punition soit de vivre sur un pied d'égalité avec ce que l'espèce humaine a de plus vil, de plus dégradé. Si l'avarice a conseillé le meurtre, que le misérable soit pour toujours séparé de son trésor : réalisez la fable de l'antiquité ; que du lieu de sa pénitence, il contemple ses héritiers dissipant ses épargnes; le tourment affreux de voir les autres jouir innocemment des fruits de son crime, sera un supplice aussi cruel en réalité, qu'a pu le figurer la fiction poétique. Le prodigue insatiable dérobe pour alimenter ses extravagances, et tue pour s'assurer du secret; il expose sa vie afin de pouvoir, ou la passer dans la fainéantise, la débauche, les jouissances sensuelles, ou la perdre dans une angoisse instantanée. Déjouez son calcul immoral; forcez-le de vivre, mais de vivre dans les privations qu'il redoute plus que la mort; qu'il soit astreint à la table frugale, à la couche dure et au travail continuel d'une maison de correction; substituez ces peines, ces privations qu'ils redoutent tous, que tous ont exposé leur vie pour éviter; substituez-les, dis-je, à cette mort qui n'épouvante guère ceux que leurs passions ou leur dépravation ont plongés dans le crime; et vous établissez une convenance, un rapport entre le délit et la punition; au lieu d'un spectacle momentané, vous présentez un exemple permanent; vous donnez une leçon tous les jours répétée, et vous employez, pour punir et prévenir les crimes,

la force de ces mêmes passions qui les ont enfantés.

« La réforme est oubliée dans l'adoption de ces punitions, mais faut-il l'exclure totalement? ne peut-il pas arriver quelquefois que même de grands crimes soient commis par des personnes dont l'âme n'est pas tellement corrompue qu'il faille renoncer à tout amendement? Leur faute est quelquefois l'effet d'une première erreur, peut-être d'un enchaînement de circonstances qui ne doivent jamais plus coïncider, peut-être encore, d'un délire passager (*hallucination*) qui, s'il ne suffit pas pour excuser, peut en quelque sorte atténuer ou pallier la culpabilité; et cependant l'opération de ces causes, les dégradations à considérer dans les degrés de culpabilité, tout est mis au pair; tout s'égalise sous le niveau de la mort. L'homme qui, cédant à l'impulsion irrésistible de la nature, sacrifie le vil séducteur qui a détruit son bonheur domestique; celui qui, calomnié, insulté, déshonoré, ravit au péril de sa propre vie celle de son diffamateur, sont aux yeux de cette loi cruelle, aussi dignes de mort que l'assassin salarié ou le vindicatif empoisonneur. Le jeune homme, dont la faiblesse et l'inexpérience ont été prostituées à l'exécution d'un délit par les artifices, les instructions ou l'influence irrésistible d'un vétéran dans le vice, doit périr sur le même échafaud, avec l'abominable instigateur du crime. On peut me dire que l'autorité qui pardonne est là pour remédier au mal; mais, dans les cas capitaux, le pouvoir de pardonner, s'il est exercé, doit l'être sans délai, sans se donner le temps de juger du caractère du condamné; temps qu'accorde le système correctionnel. Le pouvoir de pardonner est donc nécessairement sujet à des abus. Il est encore une autre objection contre l'exercice de ce pouvoir: c'est qu'il ne laisse aucune alternative entre la mort et l'exemption absolue de punition. Mais, dans tous les degrés de crime, quelque punition est nécessaire. Le novice, s'il n'est assujetti à une discipline salutaire, deviendra bientôt maître en perversité; que la correction soit judicieusement appliquée, et ses progrès dans la réforme, manifesteront s'il mérite d'être rendu à la société, ou si sa dépravation est assez enracinée pour exiger une continuation de réclusion.

« Lorsque nous en viendrons à prendre quelque résolution sur cette question solennelle, nous ne devons pas oublier un autre principe que nous avons fondé sur les plus saines raisons : « Que toutes choses égales d'ailleurs, on doit préférer ce mode de punition qui nous laisse les moyens de corriger, de redresser les faux jugemens et les erreurs dans lesquelles la passion, l'indifférence, les faux témoignages, les apparences trompeuses, peuvent avoir entraîné. » L'erreur causée par ces circonstances accidentelles est quelquefois inévitable ; son opération est instantanée, et ses funestes effets, dans les condamnations capitales, sont immédiats. Cependant, le temps est nécessaire pour la reconnaître, pour la relever. Il nous est pénible de rétrograder ; il est mortifiant d'avouer qu'on a été injuste, et avant que la tardive vérité soit dévoilée, qu'elle aît triomphé de nos esprits revêches, de notre vanité récalcitrante ; que l'autorité, qui seule peut s'interposer entre le glaive et la victime, aît pu arrêter le bras de l'exécuteur, le coup est porté, l'innocence est sacrifiée ! Que ne donneraient pas alors les jurés qui ont décidé, les juges qui ont condamné, les témoins abusés qui ont attesté le fait ; que ne donnerait pas la société qui a vu ses angoisses, ses agonies mortelles, pour avoir encore en sa puissance le moyen de réparer le mal qu'elle a fait.

« Les cas de cette nature ne sont pas rares. Nos archives en fourmillent ; plusieurs ont eu lieu de nos jours. Un exemple très-remarquable, donné il y a peu d'années dans un de nos états du Nord, manifeste, d'une manière frappante, le danger de ces punitions qui ne peuvent être rappelées ni réparées, même lorsque l'innocence est physiquement démontrée. Peu d'exemples de ce genre, même dans le cours d'un siècle, seraient suffisans pour contrebalancer les meilleurs effets de celui qu'offre l'échafaud. Il n'est pas de spectacle qui se grave aussi profondément dans le cœur et dans la mémoire, que celui des souffrances d'une personne innocente, sous les coups d'une injuste sentence ; cette image reste présente, et survit à vingt exemples de punitions méritées. Cette considération, fût-elle isolée, serait le plus puissant argument pour l'abolition de la peine capitale; mais il en est d'autres non moins puissans. Voir un être humain jouissant, dans leur plénitude, de toute l'énergie de son intelligence, de toute la vigueur de son corps; dont les puissances vitales ne sont altérées par aucune atteinte d'infirmité ni d'accident; dont les artères palpitent de jeunesse et de santé; le voir, dis-je, dévoué par le froid calcul de ses semblables, à une destruction certaine, que nul courage ne peut repousser, nulle persuasion détourner; voir un mortel disposer des plus précieux dons que dispense la Divinité, usurper ses attributs, et fixer, par son décret particulier, un terme inévitable à cette existence que la toute-puissance seule peut donner, et que seule, elle a le droit de détruire; telles sont les réflexions solennelles que l'étrange spectacle d'un sacrifice humain doit naturellement faire peser sur la pensée, jusqu'à ce que l'habitude ait émoussé ce sentiment, et rendu l'âme insensible à cette impression. Mais, dans un pays où la peine de mort est rarement infligée, la sensation conserve toute son intensité. Le peuple est toujours violemment excité par chaque jugement pour délits capitaux : on le voit négliger ses affaires, se presser en foule dans l'enceinte, et assiéger les avenues de la cour (*). L'accusé, les témoins, le défenseur, tout ce qui se rattache à la cause devient pour lui un objet d'intérêt de curiosité. Quand l'esprit public est monté à ce point, il prend, selon les circonstances du cas, un ton qui s'accorde rarement avec la calme impartialité que requiert la justice.

« Si l'accusé l'intéresse par sa jeunesse, son caractère, ses liaisons, ou même par sa contenance ou sa figure, il est bien difficile que les terribles conséquences de la condamnation n'induisent (et cela, dans les cas de grands crimes, comme dans ceux de moindres délits) l'accusateur à se relâcher de sa sévérité, les témoins à comparaître avec répugnance, les jurés à absoudre contre l'évidence, et le magistrat, qui a le pouvoir de pardonner, à l'exercer inconve-

---

(*) Surtout si c'est une cause politique.

*Note de M. de S.*

nablement. Mais si l'esprit public prend une direction opposée, les conséquences deviennent pires, l'indignation contre le crime se convertit en une fureur altérée de vengeance; et si le vrai coupable n'est pas trouvé, l'innocent est sacrifié sur la plus légère présomption, parce qu'il faut une victime à l'exaltation publique. C'est dans de tels cas que l'innocent agneau est traîné à l'autel, tandis que le bouc émissaire s'échappe dans le désert. Cette disposition féroce croît avec la sévérité de la punition capitale, de manière que, dans les cas de crimes les plus atroces comme dans les autres, ce mode de punition opère quelquefois le salut des coupables, plus souvent la perte de l'innocent. Quiconque a un peu suivi et observé le cours des procédures criminelles, a vu ce que je viens de m'efforcer de décrire : indulgence déplacée, sévérité injuste, effets opposés résultant de la même cause, l'inutile barbarie de la punition.

« Mais lorsque les conséquences de la condamnation sont moins funestes, il est rare que la justice soit influencée dans son cours par les passions ou par les préjugés; les preuves sont produites sans difficulté, et opèrent leur effet naturel sur l'esprit des jurés, qui ne sont pas dominés par la crainte ou le scrupule, de prononcer une sentence irrémédiable dans ses effets; et le pardon n'est accordé qu'à l'innocence reconnue ou à la réforme définitive.

« Un autre vice de la peine capitale, c'est que sa fréquente infliction détruit le seul effet utile qu'on lui suppose. Le peuple se familiarise trop avec ce spectacle pour le considérer comme un exemple. Ce n'est plus qu'une exposition publique, où il ne se rend le plus souvent que pour satisfaire le goût féroce qu'il y a puisé. Il serait d'une grande utilité en législation de pouvoir découvrir la véritable origine de cette atroce passion de contempler les agonies humaines, de se repaître de la destruction de ses semblables. Il n'est point de nation dont ce goût monstrueux n'ait déshonoré l'histoire. Chez quelques-unes, il créa des institutions permanentes, comme celle des gladiateurs à Rome; chez d'autres, il se manifesta comme une épidémie morale, exerça ses ravages avec une violence proportionnée à la légèreté de la population, et céda par degrés à l'influence de la raison et de l'humanité. Chaque peuple a fourni des exemples de cette frénésie; mais le carnage religieux de la Saint-Barthélemy, et les massacres politiques, sous le règne de la terreur en France, jettent une affreuse et affligeante clarté sur l'idée que je désire exprimer. L'histoire de notre propre pays, tout jeune qu'il est, n'est point exempt de cette tache. Les assassinats légaux des magiciens et des sorcières de la nouvelle Angleterre; les meurtres judiciaires d'un nombre considérable de malheureux, durant ce qu'on appelait la conspiration des Noirs à New-York, nous fournissent des leçons domestiques à cet égard. Quant aux sacrifices humains qui souillent les premières annales de presque toutes les nations, ils procédaient d'une autre source, de l'idée d'une expiation par victimes substituées, mais produisaient le même effet, l'endurcissement du cœur. Les souffrances humaines ne sont jamais contemplées, pour la première fois, sans un sentiment de dégoût, d'horreur et d'effroi. La sage nature a, pour ses admirables fins, gravé profondément dans nos âmes, cette repugnance conservatrice; mais ce sentiment, une fois surmonté, il arrive dans les affections morales, le même phénomène observé dans les sensations physiques à l'égard desquelles on remarque que nos goûts ou besoins factices les plus impérieux, sont ceux dont l'acquisition nous a coûté quelques efforts pour vaincre la répugnance des premiers essais, et que l'empire de nos habitudes est en raison directe de la difficulté que nous avons eue à les contracter. Quelle que puisse être la cause de ce fait positif, et frappant dans la physiologie de l'esprit humain, ses effets doivent être étudiés par le législateur qui désire fonder un système sage et permanent. Si le spectacle d'une exécution capitale inspire le goût barbare d'en contempler un second, si une curiosité qui d'abord ne se satisfait qu'en frémissant, s'accroît par les jouissances, et s'irritant au lieu de s'assouvir, devient une passion effrénée, nous devons prendre garde qu'en établissant l'application fréquente de la peine de mort, nous ne jetions les fondemens de la dépravation la plus dangereuse dans ses conséquences:

car, dans un gouvernement comme le nôtre, l'opinion populaire doit exercer la plus grande influence dans toutes les branches; et ce goût dépravé se manisfesterait bientôt dans les décisions de nos cours, et dans les déclarations de nos jurys. Que si, au contraire, l'application de la peine de mort devient, par sa rareté un cas extraordinaire, elle produit sur le peuple un effet très-singulier. Le patient; quel que soit son crime, devient un héros ou un saint; il fixe l'attention publique, il excite la curiosité, l'admiration, la pitié générale; la charité prévient ses besoins, la religion déploie sa puissance; et au moyen de ses purifications, ayant lavé de toutes les souillures de l'iniquité le scélérat assassin, (jugé indigne d'exister sur la terre) le présente à la vénération publique, comme un candidat prédestiné aux joies du paradis. Les exhortations et les prières l'élèvent au-dessus des frayeurs de la mort. Le pécheur converti est l'objet des attentions les plus recherchées des dévots, des femmes, des riches et des grands; sa prison devient un lieu de pélérinage, lui-même un saint martyr; son dernier regard est examiné avec une sollicitude affectueuse, ses dernières paroles sont soigneusement recueillies et retenues, et après qu'il a subi l'ignominieuse sentence de la loi, le corps du coupable, qui vécut dans le crime et mourut dans l'infamie, est révérencieusement et pompeusement accompagné au lieu de sa sépulture par un convoi qui ne déparerait pas les obséques d'un patriote ou d'un héros. Ce tableau, quoique fort en couleur, est peint d'après nature; les habitans d'une de nos plus polies et de nos plus riches capitales en ont fourni l'original, et quoique des sentimens aussi exaltés ne soient pas toujours excités, ou soient prudemment réprimés, ils sont dans la nature ; et à quelque degré qu'ils existent, on ne peut douter qu'ils ne contrebalancent le bon effet qu'on se propose de produire par ce mode de punition.

« Le héros de cette tragédie ne saurait se considérer comme remplissant un rôle ignoble et vil, et le peuple ne saurait voir, dans l'objet de son admiration ou de sa pitié, un assassin, ni un voleur qui ne lui inspireraient qu'aversion et mépris. Ainsi, le but de la loi est manqué, la force de l'exemple perdu; la place de l'exécution se convertit en une scène de triomphe pour le patient dont le crime est oublié; tandis que son courage, sa résignation, ou sa piété, le font regarder comme le martyr, et non comme la coupable victime de la loi. Quand des lois se trouvent, comme dans ce cas et dans plusieurs autres, en opposition directe avec les sentimens du peuple qu'elles gouvernent, elles ne sauraient être ni sages, ni efficaces, et dès lors elles doivent être abolies.

« *Quid leges sine moribus vanæ proficiunt?* Mais si, pour être efficaces, les lois doivent être soutenues par la morale publique, quel effet en pouvons-nous raisonnablement attendre, quand les idées religieuses se joignent contre elles à la morale publique? Nous venons de voir l'effet que produit la peine capitale dans les lieux où elle est rarement infligée; voyons quels en sont les résultats dans les pays où son application n'est malheureusement que trop fréquente.

« Aujourd'hui, en Angleterre, l'éloquence et l'érudition de la majorité des orateurs et des savans se sont liguées avec l'humanité de la nation entière, pour tenter, non d'abolir la peine de mort ( une telle proposition alarmerait trop un gouvernement où la moindre réforme, dans un département, entraînerait une révolution dans tous ), mais de la restreindre aux crimes les plus atroces. Cet objet a provoqué une enquête parlementaire, dans le cours de laquelle ont été présentés les rapports dont j'ai précédemment fait mention. Un de ces rapports contient des examens de témoins devant un comité de la chambre des communes; et l'un de ces témoins, ancien solliciteur, qui avait, pendant plus de vingt ans, pratiqué dans les cours criminelles, me fournit l'extrait suivant (*) :

« Dans ma pratique, j'ai reconnu que la peine de mort n'effraye nullement les voleurs ordinaires; elle est plutôt, parmi eux, un sujet de risée et de raillerie, que de considération sérieuse. L'approche certaine d'une mort ignominieuse

---

(*) On n'accusera pas les personnages qu'on va citer d'être des philantropes théoriciens, des rêveurs idiologues et sentimentaux.

*Note de M. de S.*

ne paraît faire sur eux aucune impression. Je les ai vus faire des plaisanteries après le prononcé de la sentence. J'ai même vu la veille de son exécution un homme pour lequel je m'étais employé, répliquer d'un air d'indifférence aux offres de consolation et aux témoignages d'intérêt que je lui manifestais : « *N'est pas joueur qui toujours gagne.* » J'en ai entendu un autre dire, en ricanant, « *ce n'est qu'un saut, un coup de pied, un tressaillement, et tout est fini.* » L'exécution d'une partie des coupables n'affecte en rien les autres condamnés qui attendent leur tour immédiatement après ; ils jouent à la paume, bouffonnent et raillent comme s'il ne s'agissait de rien. J'ai été témoin de la séparation de gens partant pour l'échafaud ; je n'y ai jamais observé la moindre solennité ; ils avaient plutôt l'air de personnes qui se quittent pour un voyage à la campagne, que de gens qui se font les derniers adieux. Je mentionne ces particularités pour montrer le peu de frayeur que les voleurs ont de la peine de mort ; et que bien loin d'être arrêtés dans leur course perverse par la possibilité de son infliction, ils ne sont pas même intimidés par la certitude. »

« Un autre de ces témoins respectables (un des magistrats de la capitale), interrogé s'il croyait que la peine de mort influençât la détermination des criminels dans l'exécution des délits, répond :

« Je ne le pense pas; je crois qu'il est à la connaissance de toutes les personnes un peu au fait des associations criminelles qui existent dans cette ville, que ces gens vivent en bande, et forment une espèce de confédération; qu'il est rare que l'exécution d'un ou plusieurs d'entr'eux affecte la troupe, ou détourne les autres associés de continuer le même genre de vie. Des cas arrivés dans ma propre juridiction, m'ont confirmé dans cette opinion. Durant une de mes cessions comme magistrat, on conduisit devant moi trois personnes accusées d'émettre de faux billets. Dans le cours de l'examen, je découvris que la circulation de ces billets partait d'une chambre où gissait le corps d'un nommé Wether (exécuté la veille pour le même délit) et qu'ils étaient distribués par une femme avec laquelle il avait vécu. Ce cas est un peu fort, ajoute-t-il, mais je ne doute pas qu'il n'y en aît beaucoup de semblables. »

« Un témoin plus compétent que nul autre en cette matière, le ministre de Newgate, interrogé, «Avez-vous observé l'effet de la sentence de mort sur les prisonniers? » a répondu: « Elle n'en produit presqu'aucun; la plupart des condamnés à mort pensent et s'occupent à tout autre chose qu'à se préparer à ce moment. » Interrogé relativement à l'effet produit sur l'esprit du peuple par l'exécution capitale, il a répondu : « Je pense qu'elle produit un mouvement instantané de saisissement et d'horreur sur la jeunesse et l'inexpérience; mais l'impression n'est pas durable, et la scène est à peine terminée, que l'image en est effacée. Les vétérans expérimentés disent que *la chance a tourné contre le patient;* que cela ne prouve rien, et qu'on doit s'attendre à ces accidens, mais leur esprit ne reçoit aucune impression sérieuse. J'ai eu occasion d'aller dans les cours de la prison, une heure et demie après une exécution, j'ai trouvé les autres s'amusant, jouant à la paume, aux palets, comme s'il ne fût rien arrivé. »

« Ces esquisses n'ont pas besoin de couleurs pour en relever l'effet. Rien, à mon avis, ne prouve plus matériellement l'inutilité absolue de cette prodigalité de la vie humaine, son entière inefficacité comme punition, et son opération destructive sur la morale publique.

« Le manque de pièces authentiques ne me permet pas de mettre actuellement sous les yeux de l'assemblée générale, certains faits qui jetteraient un grand jour sur cette matière, en présentant des exemples puisés dans les cours criminelles des autres états; de faire voir comment des délits régnans y ont cédé aux amendemens des lois pénales; de comparer le nombre des emprisonnemens, avec celui des condamnations; et de montrer l'effet presque nul de la peine de mort, relativement à la répression des crimes contre lesquels elle fut établie. Des renseignemens précis sur ces points nous aideraient beaucoup dans la recherche qui nous occupe. Mais quoique ces documens ne soient pas en notre pouvoir en ce moment (par les raisons que j'ai précédemment exposées), il existe, à cet égard, des faits généralement connus et qui ne sont pas pour nous sans intérêt ni sans instruction. Le meurtre est puni de mort dans tous nos états, et dans la plupart il est, à l'exception du crime de trahison, le seul puni de la peine capitale. Si ce mode de punition était le plus efficace pour prévenir la réalisation du crime, ce crime serait le plus rare de tous. En est-il ainsi? Pour résoudre cette question, nous ne devons pas établir la comparaison entre le crime et des délits; car le résultat ne serait pas vrai. Il est des actes qui attaquent si directement l'existence de la société, qui excitent une alarme si universelle, et supposent un tel degré de dépravation, que le coupable est toujours un objet d'horreur pour la communauté entière; et que l'exécration publique en ferait justice, au défaut des lois. Le nombre de pareils crimes, quelle que soit leur punition, sera toujours, nécessairement, moindre à proportion, que celui des crimes qui n'excitent ni la même aversion ni la même alarme. De cette nature est le meurtre : conséquemment, pour établir notre comparaison, nous devons jeter les yeux sur d'autres contrées. Malheureusement la même peine qui lui est infligée ici, lui est appliquée dans le seul pays qui nous fournisse des données suffisantes pour raisonner; et les résultats ne peuvent, conséquemment, être concluans. Mais si dans le pays en question certains autres délits sont punis de mort, qui ne le soient pas dans celui-ci, et que, néanmoins, le nombre de ces délits soit plus grand ailleurs que chez nous, tandis que le meurtre ( à peu près le seul crime qui, chez nous, encoure cette peine) serait plus commun ici que dans le pays que nous avons pris pour point de comparaison, alors nous aurons quelque raison de douter de l'efficacité de ce remède extrême.

« Dans le cours de seize années, finissant en 1818, Londres et Middlesex ont compté trente-cinq personnes condamnées pour meurtre ou blessures avec intention de tuer; ce qui offre, à une fraction près, une proportion de deux par année. Dans la ville de la Nouvelle-Orléans, sept personnes ont été exécutées, pour le même crime, dans les quatre dernières années; ce qui revient, à peu de chose près, à la même proportion de deux par année. Mais la population de la Nouvelle-Orléans, durant cette période, ne s'élevait pas à plus de trente-cinq mille âmes; et se trouvait, à l'égard de celle de Londres et de Middlesex, dans le rapport (en nombre rond) de un à vingt-sept. Ainsi donc, proportion gardée, ce crime a été vingt-sept fois plus fréquent ici qu'à Londres. Dans Londres et Middlesex, deux cent vingt-cinq personnes ont été condamnées pour *faux* ou *contrefactions*, dans l'espace de sept années, finissant en 1818. Dans le même espace de temps sept personnes ont été condamnées pour le même crime dans notre Etat, ce qui démontre qu'en proportion des populations respectives, ce délit a été commis dix-huit fois plus à Londres qu'ici. Dans les mêmes sept années six mille neuf cent soixante-quatorze condamnations pour vol, furent prononcées à Londres; et pendant le même temps, cent dans l'Etat de la Louisiane; ce qui, *servanda servatis*, établit la proportion d'environ dix à un. Là, il y a eu beaucoup de condamnations capitales pour des crimes dont les pareils n'ont point eu lieu chez nous, et qui, s'ils y eussent été commis, n'auraient encouru que l'emprisonnement aux travaux de force. Je veux accorder que l'état de la société, dans les deux contrées, le degré de tentation, le plus ou moins de facilité à subsister, et autres circonstances, jointes à l'opération des lois, aient influé sur cette différence que nous venons de calculer. Mais, ne suffit-il pas, pour créer des doutes violens sur l'efficacité de la peine capitale d'observer ce double résultat, que le seul crime, à peu près, qui encoure ici cette peine, soit plus fréquent dans une proportion de vingt-cinq à un, tandis que ceux auxquels on inflige une punition plus douce le sont beaucoup moins que dans le pays où ils sont capitalement punis?

« Aucun de nos Etats ne punit de mort le vol commis sur les grandes routes. L'état général inflige cette punition aux vols des malles publiques quand ils sont accompagnés de circonstances qui en sont presque inséparables; et nous voyons, je crois, plus de cas de ces derniers que des premiers : autre preuve que la peine de mort n'a pas pour prévenir les crimes un effet plus puissant que les autres punitions. Je ne mentionne pas les doutes que beaucoup de personnes sages et scrupuleuses élèvent sur le droit d'infliger cette peine, parce que j'incline à penser que ce droit peut être bien établi. Si cette mesure est la seule capable de prévenir le crime, le gouvernement a le droit de l'adopter; à moins qu'il ne résulte de la punition plus de mal qu'on n'en pourrait redouter du crime même. S'il était prouvé, par exemple, qu'on ne pût conserver les fruits d'un jardin qu'en punissant de mort les enfans qui les dérobent : le mal à appréhender de l'offense serait si inférieur à celui produit par la punition, qu'elle ne devrait jamais être infligée par la loi, et bien moins encore par la partie lésée, au moyen ( comme en Angleterre ) de fusils à ressort placés comme pièges. Mais au contraire, il y a moins de mal, résultant de la destruction d'un assassin, que de la faculté qu'on lui laisserait de détruire une personne dont l'existence serait utile à la société et surtout à sa famille. En conséquence, toutes les fois qu'il n'y aura pas d'autre alternative, je ne pense pas qu'aucun doute sur le droit doive nous arrêter; mais la nécessité de la punition et le mal prépondérant du crime doivent être constatés, ou bien le droit n'existe pas. Tout le poids de l'argument pèse ici sur les partisans de ce mode de punition. Ils ont à prouver qu'il est le seul moyen de réprimer les délits; ils ont à démontrer que dans les cas où ils veulent l'appliquer, le mal du délit est plus grand que celui de la punition. Nous avons déjà en partie examiné quelle chance de succès ils peuvent avoir sur le premier point; relativement au second, il convient d'observer que, dans l'appréciation du mal résultant de l'impunité d'une offense particulière, pour le comparer avec celui qui résulte de la punition, il ne faut pas perdre de vue que, de deux maux, l'un est certain et l'autre purement probable. Par exemple, un homme commet un meurtre; si vous étiez certain qu'en ne le frappant pas de mort il récidiverait dans le crime, ou que l'exemple de son impunité entraînerait infailliblement quelque autre à commettre un crime pareil, vous auriez alors établi et la nécessité de prévenir le crime, et la prépondérance du mal résultant de l'offense, sur celui qui résulte de la punition. Mais de ce qu'un homme a commis un délit, il ne s'ensuit pas que nécessairement il doive le commettre encore, ni qu'un autre sera indispensablement entraîné par son exemple à le commettre. Cependant j'accorde que ces conséquences soient probables; nous aurons deux probabilités contre une certitude. La forte probabilité d'un grand mal doit contrebalancer la certitude d'un moindre; et si dans le cas supposé il y a une grande probabilité que la société doive perdre ses plus dignes membres, ce mal ne doit pas être mis en balance avec celui de sacrifier un assassin. Mais si, par des mesures *moyennes*, la chance du mal incertain se réduit à une simple possibilité, alors on ne doit pas se soumettre au mal certain. Ainsi, en admettant que la peine de mort soit le meilleur moyen de prévenir le renouvellement du crime, si néanmoins l'emprisonnement à vie avait la même efficacité pour prévenir la récidive et que son opération comme exemple, réduisît à une simple possibilité la chance de la séduction des autres, qu'une punition plus douce pourrait induire à commettre le même crime (*); dans ce cas, dis-je, on ne doit point encourir le mal positif et certain d'ôter la vie à un être humain, parce que la possibilité éloignée même d'un grand mal, ne peut justifier un tel acte.

Mais avant d'adopter aucun de ces calculs toujours pleins de difficultés dans la pratique, nous devons nous assurer si la proposition au sujet de laquelle nous les avons faites est vraie, si la peine de mort est nécessaire pour prévenir les crimes : dans l'acception propre de la phrase, nous savons que cela n'est point. Dire que l'existence d'une certaine et unique cause est nécessaire à la production d'un effet donné, c'est supposer que toutes les fois que la cause existera, l'effet suivra nécessairement; mais on ne prétend pas que la peine de mort prévienne toujours le crime pour lequel elle est infligée, on dit seulement qu'elle tend plus à ce but qu'aucne autre espèce de punition, mais on a déjà fait voir le contraire.

---

(*) Ecoutez bien toutes ces réflexions pleines de justesse et d'humanité.

Examinons maintenant les raisons sur lesquelles on base l'affirmative dans cette intéressante question :

1.° Il est des personnes qui puisent dans la religion les argumens dont ils étaient leur opinion. L'esprit divin qui animait le grand législateur des Juifs ( du Code desquels on tire ces argumens ) n'eut, certes, jamais l'intention d'inspirer un système de jurisprudence universelle. La théocratie imposée pour forme de gouvernement à cette étrange nation, n'est pas moins inapplicable à tout autre peuple, que le système des lois pénales données sur la mystérieuse montagne, et promulguées du sein d'un épais nuage au milieu des tonnerres et des éclairs. Elles étaient destinées à frapper de terreur une nation perverse et endurcie, et la peine de mort y est libéralement appliquée à une énorme liste de crimes. Mais ce même code contient aussi *Lex talionis* et d'autres règlemens que ceux mêmes qui invoquent cette autorité ne desirent sûrement pas adopter. Ils oublient que le même Tout-Puissant, auteur de cette loi, inspira postérieurement à un de ses prophètes cette déclaration solennelle, qui pourrait être convenablement placée au frontispice d'une maison de correction, et qu'il appuya de l'affirmation la plus sacrée : « *Comme je vis*, dit le Seigneur Dieu, *je ne prends point plaisir à la mort du pécheur, mais je préfère qu'il se corrige de son iniquité, et qu'il vive.* » Les chrétiens qui mettent en avant de tels argumens, oublient donc que le divin auteur de la religion abolit expressément *la loi du talion*, sur laquelle est basée la punition capitale pour cause de meurtre. Ils oublient la tendre bienveillance de ses principes, la douceur de son esprit, la philanthropie qui respire dans tous ses discours et la charité qui dirigeait toutes ses actions. Ils perdent de vue cette belle maxime qu'il établit : « *Fais aux autres comme tu voudrais qu'il te fût fait; ne fais pas à autrui ce que tu ne désires pas qu'il te soit fait à toi-même;* » et certes ils pervertissent l'esprit de son indulgente et miséricordieuse religion, quand ils la font servir d'autorité pour sanctionner des actes sanguinaires.

Mais quelque indignes du nom de législateurs

que fussent ceux qui prescriraient des choses contraires aux préceptes de la religion, et particulièrement à ceux de cette sublime morale qui sert de base au christianisme, il ne serait pas moins dangereux de fonder une législation sur des dogmes religieux, ou de les invoquer comme auxiliaires dans la défense de systèmes politiques; ce serait une injustice manifeste dans un gouvernement où toutes les religions ont un égal privilége; d'ailleurs il est probable, il est certain que ce serait porter atteinte au respect dû aux choses sacrées que de les mêler ainsi aux profanes, et de prostituer à l'usage des partis, ces préceptes qui ne concernent point nos institutions temporelles, mais qui furent placés comme des phares pour nous éclairer dans la route du bonheur éternel.

2.° On produit, en faveur de ce mode de punition, la pratique de toutes les nations, jusqu'à la plus haute antiquité. Le fait est incontestable; mais la conséquence qu'on en prétend tirer est-elle juste? Il y a beaucoup d'erreurs générales; malheureusement pour l'humanité, il y a peu de vérités généralement établies en pratique, en fait de gouvernement et de législation. Adoptez cette règle pour mesure, et vous verrez de combien de degrés, à l'échelle de l'antiquité, le despotisme l'emporte sur le gouvernement représentatif. Les lois de Dracon étaient plus anciennes que celles de Solon, et conséquemment meilleures. Vous verrez les tortures presque aussi généralement répandues que la peine capitale. Idolâtrie en religion, tyrannie en gouvernement, peine de mort et tortures barbares en jurisprudence criminelle, tout cela est contemporain, tout cela s'est également répandu. Les partisans de la punition en question veulent-ils admettre la force de l'argument en faveur de tout le reste? S'ils le rejettent pour les autres abus, comment peuvent-ils en faire pour celui qu'ils veulent maintenir?

La généralité et la durée d'une institution nous donnent le moyen d'examiner ses avantages ou ses défauts dans la pratique, mais ne peuvent faire autorité que quand il sera prouvé que les meilleures lois sont les plus anciennes, et que les institutions créées pour le bonheur des peuples sont les plus stables et les plus généralement répandues. Mais par malheur ce point ne saurait être soutenu de bonne foi; l'affligeante conviction du contraire pèse douloureusement sur nos esprits. Partout, et de tout temps, à peu d'exceptions près, l'intérêt du grand nombre a été sacrifié au pouvoir de quelques-uns. Partout les lois pénales ont été instituées dans l'intérêt du pouvoir et pour le soutenir, et si quelque institution favorable à la liberté nous a été transmise en héritage par nos ancêtres, elle n'était point partie intégrante d'un plan originel, mais avait été par des circonstances particulières forcément arrachée des serres de la tyrannie, ou inaperçue et inappréciée par l'insouciance et l'ignorance du gouvernement. Durant les huit ou dix derniers siècles, toutes les nations de l'Europe ont constamment été agitées par des convulsions, des discordes intestines ou des guerres étrangères. On n'a cessé de voir le trône et l'aristocratie cherchant à envahir le pouvoir; l'un et l'autre opprimant le peuple et le poussant au désespoir et à la révolte; de nombreux prétendans se disputant le sceptre de rois dépossédés ou assassinés : des guerres religieuses, des persécutions barbares, des divisions de royaumes, des cessions de provinces....; tout cela se succédant avec une confusion et une rapidité qui défiaient la plume de l'historien le plus exercé et le plus diligent de débrouiller, de classer, et même de consigner les événemens. Ajoutez à cela l'ignorance dans laquelle était plongé l'esprit humain, durant le premier et le moyen âge de cette période; l'intolérance du bigotisme, dont l'étroite union avec le gouvernement étouffait toute amélioration en politique, comme toute réforme en religion; et certes cet état de choses peu favorable à la formation des lois sages sur quelque point que ce fût, l'était bien moins encore à l'établissement d'un Code criminel, juste et humain. Que pouvions-nous attendre de pareils législateurs, agissant à de telles époques et dans de semblables circonstances que ce que nous voyons aujourd'hui? un amas indigeste de lois injustes parce qu'elles ne furent faites que dans la vue de favoriser les projets occasionnels du parti dominant; imprudentes, obscures, incohérentes, cruelles, parce qu'elles furent l'œuvre de l'ignorance, et dictées par l'intérêt, la passion et l'intolérance. La sagesse nous invite-t-elle à soumettre notre raison à des autorités ainsi établies, et à admettre comme de respectables antécédans ces collections monstrueuses de dispositions absurdes, barbares, contradictoires qui, encore avant le dernier siècle, étaient honorés du titre de Code criminel, dans la jurisprudence des nations européennes? Personne, assurément, ne serait de cet avis; mais alors pourquoi choisir une portion de cette masse et nous la recommander par la raison qu'elle est généralement adoptée? Si elle a quelque autre qualité recommandable, faites-la connaître et on l'appréciera : mais mon objet ici est de démontrer que la manière dont les lois pénales de l'Europe, jusqu'à une époque assez récente, ont été établies, ne demande pas un grand respect par leur antiquité ni par la généralité de leur adoption. Si la jurisprudence criminelle du moyen âge ainsi que celle du temps moderne nous offrent peu de motifs de révérer leur humanité et leur justice (*), les temps

(*) Ici M. Livingston s'exprime comme le grand Duc

antiques ne présentent, à notre raison, rien de plus respectable. Le despotisme était dans l'antiquité, ce qu'il est de nos jours et ce qu'il sera toujours; il ne peut avoir qu'un caractère qui n'a point été changé par l'apparition accidentelle et rare de quelques monarques philosophes et pacifiques; les Républiques avaient dans leurs lois un mélange de sévérité et d'indulgence sans raison, qui n'en fait pas des modèles à imiter.

Néanmoins, durant les deux cent cinquante années à peu près qui s'écoulèrent entre la loi *valérienne* (*) et l'anéantissement de la République et de ses lois par le pouvoir impérial, il n'était pas permis de mettre à mort, pour aucun crime, un citoyen romain; et l'histoire ne nous démontre pas que Rome fût plus mal gouvernée dans cet intervalle, ou que les crimes y fussent plus fréquens. Mais lorsque les exécutions se multi-

---

Léopold : La vérité est une, pour le Républicain honnête comme pour le Souverain, père de son peuple.

*Note de M. de S.*

(*) Et surtout de la loi Porcia qui défendait de mettre à mort un citoyen romain.

*Note de M. de S.*

plièrent, nous la voyons devenir le réceptacle des crimes et la sentine de tous les vices. Il faut cependant avouer que nous n'avons pas de données assez certaines pour déterminer si cette dépravation provenait uniquement de la fréquente infliction de la peine capitale.

L'histoire moderne nous offre deux exemples qui méritent de fixer notre attention dans cette discussion. L'impératrice de Russie, Elizabeth, peu de temps après son avénement au trône, abolit la peine de mort dans toute l'étendue de ses vastes domaines. Durant les vingt-cinq années que dura son règne, on eut tout le temps de juger de l'effet de cette expérience; et Beccaria parle avec enthousiasme de ces heureux résultats. Il n'a pas été en mon pouvoir de me procurer les règlemens qui opérèrent ce changement; mais je crois que l'on conserva le *knout* ( peine plus cruelle qu'une mort prompte ); aussi n'appuyerai-je pas sur cet exemple, comme aussi concluant que si des corrections plus douces eussent été substituées (*). Trois ans après

(*) La civilisation peu avancée de la Russie sous

qu'Elisabeth eut cessé de régner dans le nord de l'Europe, la même expérience fut renouvelée dans le sud. Un des premiers actes de Léopold, devenu grand duc de Toscane, fut une déclaration (strictement observée pendant son règne) que nul délit ne serait puni de mort. Il substitua à cette peine un système plus doux de punitions graduées qui, encore qu'elles ne fussent pas dans mon opinion, bien judicieusement choisies, produisirent immédiatement une diminution dans le nombre des crimes. Il est connu que, durant une période considérable, les prisons furent vacantes; qu'on n'entendit citer aucun crime atroce; et lui-même, après une épreuve de vingt années (*), déclare : « Que l'adoucissement des punitions, joint à une scrupuleuse attention à prévenir les crimes, à une grande expédition dans les jugemens et à la prompte et certaine punition des vrais coupables, au lieu d'augmenter le nombre des crimes, avaient considé-

---

Elisabeth, explique suffisamment ce fait qui ne se reproduirait pas dans l'Etat actuel de la société.

(*) Je demande ici l'attention du lecteur.

*Note de M. de S.*

rablement diminué celui des moindres, et rendu très-rares ceux d'une nature odieuse. » Ce passage est extrait de l'introduction à un Code qu'il donna à son peuple en l'année 1786. Quatre ans après il fut appelé à l'empire, et le cours de sa noble expérience fut interrompu. Combien de temps après lui se maintint l'ancien système? nous l'ignorons; mais des voyageurs rapportent que le nouvel état des choses présente un contraste bien frappant en faveur du Code de Léopold (*). Ces faits font, je pense, changer de face à l'argument relatif à l'autorité de l'exemple. Si nous pouvons nous en rapporter à celui de la Toscane, qui est d'une authenticité reconnue, il prouve l'inefficacité de la peine capitale, pour les crimes comme pour les délits, et il est plus concluant que la pratique de toutes les nations du monde réunies, qui ont conservé ce mode de punition, mais qui n'en ont jamais retiré le moindre avantage pour la répression des crimes.

---

(*) Le bien qu'on dit du grand Duc actuel fait espérer qu'il rétablira les institutions qui font bénir son aïeul Léopold.

*Note de M. de S.*

3.° Le troisième et dernier argument que j'ai entendu soutenir se rattache au second ; c'est le danger des innovations. Je confesse que je n'entends jamais proférer cette objection sans qu'elle n'éveille en moi des soupçons. Que des hommes qui doivent leur rang, leurs privilèges, leurs émolumens, à l'existence d'abus et d'impostures dont les racines se perdent dans la nuit des temps et se couvrent du voile de l'antiquité ; que de tels hommes prêchent sur le danger des innovations, je le conçois aisément ; la seule chose inconcevable est qu'ils trouvent des gens assez faibles et assez simples pour les croire (*). Mais dans un pays où de pareils abus n'existent pas, un pays dont l'admirable système de gouvernement est entièrement fondé sur les innovations, un pays où il n'y a point d'antiquité qui entoure d'un respect mécanique les abus nuisibles, où il n'y a point d'intérêt apparent de les perpétuer ;

---

(*) Genève ayant accueilli le système représentatif peut être assimilé sous beaucoup de rapports à ce que M. Livingston dit de son pays.

*Note de M. de S.*

dans un tel pays, cet argument ne peut avoir de force contre les raisons qui l'attaquent. Que ceux qui, de bonne foi, entretiennent encore quelques doutes à cet égard, réfléchissent que fort heureusement pour eux et leur postérité, nous vivons dans un siècle de lumières; qu'il n'est pas un art, une connaissance, qui de nos jours n'aît fait des progrès rapides vers la perfection; que la science dont nous parlons en ce moment éprouve journellement des améliorations. Depuis quand la torture a-t-elle été abolie? De quelle époque date l'indépendance des juges? Combien y a-t-il que la liberté personnelle a été assurée et les persécutions religieuses terminées? Chacun de ces pas, dans la carrière de la perfectibilité humaine fut, dans son temps, une innovation aussi hardie au moins que celle qui vous est proposée. Le seul aspect d'utilité que présente l'objection qu'on élève, est celui de prévenir tout essai hasardeux, tout changement qui ne serait pas fortement recommandé par la raison; voilà le creuset auquel je désire soumettre le point actuellement en question. Mais je soutiens respectueusement qu'il serait imprudent de le rejeter uniquement parce qu'il n'a pas été éprouvé, si d'ailleurs nous sommes convaincus de son utilité probable. Si l'expérience nous désabuse, le mal ne saurait avoir des conséquences bien dangereuses, puisque le remède est toujours en nos mains. C'est donc un essai, une épreuve, mais non une imprudence ni une témérité; il ne s'agit que d'examiner si les raisonnemens et les faits, en faveur de cette innovation, sont suffisans pour en justifier l'admission. Il me semble que l'argument qu'on nous oppose pourrait, avec avantage et facilité, être rétorqué contre ceux qui l'emploient. Ne pourrait-on pas leur dire : les punitions, en général, ne sont que des essais que l'on tente pour découvrir celles d'entre elles qui réussiront le mieux à prévenir les crimes. Votre punition favorite, *la mort*, a subi une longue, fréquente et complète épreuve. D'après vous-mêmes, toutes les nations, depuis l'origine des sociétés, l'ont mise en pratique et (vous êtes forcé de l'avouer) sans succès. Que demandons-nous? que vous abandonniez une expérience imperturbablement suivie pendant cinq ou six mille ans, modifiée de toutes les manières et sous toutes les formes qu'a pu inventer le génie de la cruauté dans tous les âges et sous tous les gouvernemens, et qui a toujours manqué son effet. Vous avez été contraints de reconnaître son inefficacité, et de renoncer à son application dans les cas de délits; quel charme peut donc vous y attacher encore, dans les cas de crimes : vous avez fait votre essai; il a été accompagné d'une dévastation incalculable de l'espèce humaine; d'une dégradation affligeante de l'entendement humain; il a été trouvé, souvent fatal à l'innocence, fréquemment favorable aux criminels, toujours impuissant pour réprimer le crime; vous n'avez pas même la ressource de vous plaindre de la moindre interposition contrariante pour pallier son inefficacité; car certes, pendant les siècles qui ont assisté à la pratique de votre système, l'humanité ni la justice ne se sont ingérées dans vos opérations. Vous avez à votre gré et sans obstacles, poursuivi l'œuvre de la destruction; toujours témoins de la progression des crimes, et toujours supposant qu'une progression de sévérité était le seul moyen de les réprimer. Aussi la simple perte de la vie fut estimée une trop douce peine. Des tortures que le génie infernal seul pouvait inventer, furent multipliées pour prolonger la durée et accroître l'intensité des supplices. Mais comment se fait-il que, n'aperçevant malgré tout, nul relâche dans la répétition, nulle diminution dans le nombre des crimes, il ne vous soit pas une seule fois venu dans l'esprit que la douceur pourrait réussir peut-être, où avait échoué la sévérité. Cette grande pensée fut révélée à des philosophes qui la communiquèrent aux peuples; la force de l'opinion parvint à la longue, à l'imprimer dans l'esprit des rois; et malgré les clameurs contre l'innovation, une réforme commença à s'opérer. Elle continue ses progrès; eh! pourquoi s'arrêterait-elle, quand les raisonnemens et les faits se réunissent pour assurer ses succès? Nous n'avons pu concourir à cette réforme dans ses premiers degrés; peut-être l'honneur de la compléter nous était-il réservé. Je ne crois donc pas devoir d'excuses à l'assemblée générale pour l'avoir occupée de cette discussion. En proposant cet important changement, il était nécessaire de faire connaître les principales raisons qui m'y ont déterminé. Beaucoup d'autres encore ont assailli mon esprit, et en calculant l'impression qu'elles y ont laissée, je sens avec un humble regret, avec mortification, combien faiblement je les ai présentées. Mais la nature seule du sujet inspire un intérêt qui provoquera des recherches ; et l'humanité suggérera des argumens que je n'ai pas eu la sagacité de découvrir ou le talent de faire valoir.

« Après avoir exposé les raisons qui m'ont induit à rejeter tous les genres de punitions qui ont été discutés, je passe à une brève discussion de la convenance supérieure de celles que je propose d'y substituer comme suit :

« Amendes pécuniaires, destitution d'office, simple emprisonnement, privation temporaire des droits civils, privation permanente des droits civils, emprisonnement aux travaux de force, réclusion solitaire durant des périodes du temps de l'emprisonnement fixées par la sentence ».

« L'avantage de cette échelle de punitions, est qu'elle est divisible presque à l'infini ; qu'il n'y a pas de délit, quelque léger qu'il puisse être, qui ne trouve dans des gradations intermédiaires une correction proportionnée; ni de crime si atroce qui ne soit efficacément puni par l'accumulation et le concours des divers degrés; si à cela on ajoute les réglemens qui sont établis dans certains cas pour la nourriture ou autres besoins de la vie, durant le temps de la punition; on trouvera que ce genre de punition possède, à un degré suprême, la qualité essentielle de se modifier de manière à être applicable, non-seulement à toutes sortes de délits, mais à toute espèce de délinquans, sexe, âge, habitudes, constitutions (circonstances qui doivent être considérées dans l'exercice du pouvoir discrétionnaire), peuvent être convenablement balancés.

« On peut raisonnablement espérer la réforme du criminel; il est efficacément empêché de récidiver dans le crime; l'exemple frappant et permanent opère constamment sur les autres pour les détourner de l'imiter.

« La peine étant moins sévère, l'esprit public n'armera pas les passions de la multitude contre la loi. Cette même cause empêchera que les officiers publics ne soient influencés dans l'acquit de leurs devoirs.

« Une fausse compassion n'induira plus les jurés à absoudre des coupables, et si par hasard ou par prévention ils condamnent un innocent, leur faute ou leur erreur ne sera pas irrémédiable, comme dans le cas de mort ou de stigmates indélébiles (*).

## RÉSOLUTIONS.

« Résolu *par le Sénat et la Chambre des Représentans réunis en assemblée générale* : que l'assemblée générale approuve le plan proposé par M. Edouard Livingston, dans son rapport fait en exécution de l'acte intitulé : « Acte relatif aux lois criminelles de cet Etat », et sollicite instamment M. Livingston de continuer ce travail sur le plan de ce rapport ; que

(*) Voilà les avantages qui donnent au système correctionnel une supériorité décidée sur tout autre.

deux mille exemplaires de ce rapport et de la partie du code projeté qui s'y trouve annexée, seront imprimés en forme de pamphlet, mille en français et mille en anglais, sous la direction de M. Edouard Livingston : que cinq de ces exemplaires seront remis à chaque membre de la présente assemblée générale ; cinquante au gouverneur; un à chacun des juges de la Cour Suprême, des Cours de district, et aux juges de paroisses ; deux cent exemplaires à M. Edouard Livingston; que l'Etat se réserve le surplus, dont une moitié sera déposée entre les mains du Secrétaire du Sénat et du Greffier de la Chambre des Représentans, et l'autre moitié au bureau du Secrétaire d'Etat.

« *Résolu en outre*, que le Gouverneur est invité et requis, par le présent, de passer marché pour l'impression de cet ouvrage, et d'en payer le prix sur les fonds affectés aux dépenses casuelles.

« *Il est de plus résolu*, qu'une somme de mille piastres sera payée à M. Edouard Livingston, sur son mandat, des fonds de l'Etat, comme un à-compte de l'indemnité qui lui sera allouée quand son ouvrage sera achevé.

( *Signé* ), A. BEAUVAIS,

*Orateur* ( Speaker ) *de la Chambre des Représentans.*

Approuvé le 21 Mars 1822.

( *Signé* ), J. POYDRAS,

*Président du Sénat.*

( *Signé* ), T. B. ROBERTSON,

*Gouverneur de l'Etat de la Louisiane.*

---

# CONCLUSION

## ET RÉCAPITULATION.

Après avoir rendu compte des motifs qui m'ont engagé à demander la suppression d'une peine que je regarde comme incompatible avec le degré de civilisation où est arrivée l'Europe et surtout Genève, j'ai cru devoir appeler à mon aide des auteurs qui, jusqu'à présent, ont fait autorité en matière pénale, et citer l'exemple: 1.° d'Elisabeth, Impératrice de Russie, qui avait aboli la peine de mort dans ses Etats, et il est à remarquer que c'est encore à elle qu'on doit de voir commuer souvent la peine de mort, en exil en Sybérie; où les exilés sont assez bien traités et d'où ils ont l'espoir de revenir, quand le souvenir de leur faute est un peu effacé par le temps; 2.° de Léopold, grand Duc de Toscane, qui, après avoir défendu à ses Tribunaux pendant fort long-temps d'appliquer la peine de mort, voyant que les crimes tendaient plutôt à diminuer qu'à augmenter, l'abolit entièrement comme maxime constante et absolue ; et enfin, 3.° de la Louisiane en Amérique, qui, sur le rapport de M. Livingston, vient par une résolution solennelle de l'assemblée souveraine de décréter la suppression absolue de cette peine. Ce rapport où l'on voit que l'auteur a recueilli toute l'expérience des siècles passés et présens, me paraît une pièce du plus grand intérêt pour Genève, dont la position, la population et la constitution se rapprochent beaucoup de la Louisiane, membre d'une Fédération, comme Genève ; elle a su se donner de bonnes lois sans consulter ce que faisaient ses voisins à cet égard, leur donnant un noble et sage exemple à suivre, et ne craignant pas qu'une législation plus douce attirât les criminels chez elle. J'espère que cet exemple sera suivi par nous, et je le désire d'autant plus, que tant que la peine de mort subsistera, il n'est aucun citoyen qui puisse se dire avec assurance qu'il mourra dans son lit, *un*, *deux*, *trois* calomniateurs s'entendant bien, seront toujours à même de traîner à l'échafaud l'homme le plus honnête et le mieux famé (*). Jean Calas, roué à Toulouse, était un négociant considéré de tout le monde ; eh bien ! lui, sa femme, ses filles et ses fils sont chargés de fers et accusés d'avoir fait périr Marc-Antoine Calas, qui s'était pendu lui-même dans le magasin de son père. Quelque temps après le supplice de Calas, le Conseil du Roi ordonne la révision du procès, et l'innocence de Calas et de sa famille paraît au grand jour ; il n'était plus temps, Jean Calas avait péri en protestant de son innocence. Sirven, à la même époque, eut le bonheur d'échapper avec sa famille à un sort pareil, par une prompte fuite en Suisse. Son innocence est également constatée. On répondra que depuis la Révolution, la législation pénale s'est améliorée ; c'est vrai, mais néanmoins nous voyons un Lesurque périr victime d'une ressemblance fatale avec un assassin ; et Lesurques était un homme entouré de la considération générale. En dernier lieu, deux frères négocians considérés de Toulon,

(*) J'ai vu de mes propres yeux un faux témoin à charge se parjurer la main sur la Bible.

allaient partir pour l'échafaud, quand le matin même, on découvre l'assassin pour lequel ils allaient périr; ce fait m'a été attesté par un avocat du Roi. Il est plusieurs exemples encore (*) que je ne citerais pas et qui restent inconnus; car on se hâte de proclamer le supplice des coupables, et l'on cache celui des innocens. On ne peut pas disconvenir que la justice ne soit rendue à Genève d'une manière exemplaire (quoique je regrette le Jury); mais quelle que soit la perfection de notre procédure, il faut toujours les mêmes moyens de conviction, des témoins et des Juges, des Juges et des témoins; et comme dit Bentham, on juge comme des hommes bornés, et l'on condamne comme des hommes *infaillibles*. Oui, certes, il faudrait être infaillible pour appliquer une peine *irrémédiable* qui ne laisse plus aucun moyen de réparer une erreur; cela ne fait-il pas

(*) Tout le monde sait qu'une pie voleuse a causé la mort d'une servante accusée du vol d'une cuillière d'argent.

frissonner le Juge sur son tribunal (*). Quelle que soit la tolérance religieuse de la Suisse, et la cordialité qui règne entre les Catholiques et les Protestans, ne peut-on pas craindre qu'un jour des esprits brouillons ne troublent cette harmonie, et qu'on ne vienne nous demander la peine de mort pour le sacrilége; alors ne serez-vous pas bien aise d'avoir déclaré que nous avons rayé à *jamais* la peine de mort de notre Code.

Si cet harmonie politique qui règne en Suisse et à Genève venait à être troublée, ne serions-nous pas heureux d'avoir brisé un instrument qui forcerait les Juges à envoyer au supplice des concitoyens égarés momentanément et dont les

---

(*) L'Histoire nous apprend combien d'innocens ont péri à Venise, victimes de fausses dénonciations, qu'en Angleterre, sous Charles II, le fameux Titus Oates a, par ses parjures et ses calomnies, fait périr sur l'échafaud les personnes les plus respectables; qu'en France, on a abusé du système des témoins à charge pour envoyer à la mort l'élite de la nation au moment où l'esprit de parti ne reconnaissait plus de frein.

opinions étaient peut-être le seul crime. (*) On dira que les hommes violens et tyranniques pourraient toujours rétablir la peine de mort, Bentham répond à cela que le Duc d'Albe (**) n'aurait pas fait périr autant de Protestans dans les Pays-Bas, s'il n'y avait pas trouvé la peine de mort établie contre l'hérésie. Il faut que les âmes généreuses se confient un peu plus dans l'ave-

---

(*) Le spécieux prétexte de la *sûreté de l'Etat* n'a-t-il pas toujours servi de voile à la haine. Et malheureusement, je vois que malgré la civilisation et le christianisme, il y a encore en Europe des hommes qui ont la faiblesse de haïr ceux qui pensent différemment en matière de Religion, et de politique, et qui seraient assez injustes pour se servir du *pouvoir* contre leurs adversaires, si jamais ils parvenaient à s'en saisir. La mort injuste de Calas fut due en partie aux vociférations du peuple de Toulouse qui prétendait qu'il avait, ainsi que le faisaient tous les pères protestans, puni son fils de mort pour avoir voulu embrasser la Religion catholique. Cette fausse idée fut si répandue parmi le peuple, qu'on rapporte que le Consistoire de Genève se crût obligé de protester publiquement contre une pareille calomnie. On voit par-là la haine à laquelle peut parvenir la différence d'opinion et la convenance de lui arracher une arme meurtrière, pendant que tout est tranquille.

(**) *Voy.* p. 69 de cette brochure.

nir (*). Autant il est de la dignité de l'homme d'affronter la mort pour lui-même, quand l'honneur et la patrie réclament de lui ce sacrifice,

(*) Quoiqu'on aît repoussé comme chimérique le projet de paix perpétuelle, je ne puis m'empêcher de rappeller ici ce que j'ai dit dans le Journal de Genève, c'est que Henri IV, qui n'était pas un rêveur et un faux philanthrope, qui avait fait ses preuves comme guerrier, comme chevalier et comme politique couronné, avait conçu ce projet d'abord seul, et ensuite, qu'aidé par Sully, le plus grand ministre et le meilleur ami de Roi qui aît jamais existé, il en avait tracé le plan, non comme un château en Espagne, mais comme une chose très-exécutable, et tellement exécutable qu'il avait déjà obtenu le consentement de plusieurs souverains et des plus récalcitrans, puisqu'il faisait faire alliance à Elizabeth d'Angleterre avec le Pape, quand le poignard d'un monstre vint enlever aux Protestans leur appui, à la France entière son idole, et au monde l'inventeur du plus beau de tous les systèmes, comme on peut s'en convaincre en lisant le Livre XXX des Mémoires de Sully. La guerre est une vaste condamnation à mort prononcée par une nation contre une autre, et la nation s'y condamne elle-même ; c'est pourquoi je la rattache à mon sujet, et une guerre injuste est à mes yeux ce qui ressemble le plus à la condamnation d'un innocent, surtout quand celui qui déclare la guerre est puissant, et celui qui la reçoit est faible, comme cela n'arrive que trop souvent.

autant il doit chercher à en préserver son semblable même quand il est coupable, lorsqu'il peut trouver à la Société une garantie suffisante contre les excès ultérieurs de cet homme. Je serais assez disposé à croire qu'il entre toujours un peu de folie dans le crime, et l'exemple récent de Papavoine et de la fille Cormier immolant sans intérêt d'innocens enfans, me confirme dans cette opinion, il serait curieux de consulter à cet égard les ouvrages de M. Pinel et de M. Esquirol, et en particulier la consultation faite en dernier lieu à l'occasion de la fille Cormier (*). En proposant la suppression de la peine de mort, je demande que cette peine soit remplacée par une prison perpétuelle accompagnée de travail dans l'intérieur de la prison, mais pour rendre cette peine efficace, je proposerais qu'on donnât au jugement,

(*) Dans l'acte d'accusation d'Henriette Cormier, je remarque que pendant qu'elle méditait son crime, l'idée qu'elle n'échapperait pas à la mort ne l'avait pas arrêtée. Je remarque encore que les tribunaux ne font pas toujours assez de recherches pour savoir si le crime n'est pas l'effet de la monomanie.

le plus grand éclat et la plus grande publicité. Que le délinquant traversât la partie la plus populeuse de la ville, avec un costume particulier, qu'on portât devant lui un écriteau où serait détaillé le crime et la punition intitulée dernier supplice, qu'à des époques fixées par la Loi on exposât le prisonnier à la porte de la prison avec le costume qu'il portait le jour de sa condamnation, que l'écriteau fut placé au-dessus de sa tête, qu'on lût toutes les années son jugement dans toutes les Eglises, qu'il fût renfermé dans un quartier particulier de la prison, occupé d'un travail *particulier* et entouré de précautions particulières, qu'on fixât d'avance une forte récompense (*) pour celui qui le ramènerait en cas d'évasion, et qu'on le punît de l'emprisonnement solitaire s'il s'en rendait coupable. Je voudrais que toutes ces dispositions fussent affichéesdans sa cellule. La commission des prisons se ferait présenter le détenu à chaque visite.

(*) En accompagnant cette publication du signalement du condamné.

Je ne puis m'empêcher de croire que toutes ces précautions et cette grande publicité n'eussent plus d'efficacité sur les esprits que ce drame sanglant mais passager qui s'efface de l'âme comme de la mémoire. J'ose espérer que ce que je n'appellerais pas mon ouvrage, puisqu'il ne m'appartient pas en entier, vu les nombreuses citations qu'il renferme vaudra quelques partisans à mon opinion, et que ceux que je ne pourrais pas convaincre verront au moins que je n'ai rien négligé pour le faire, je réclame l'appui de mes amis quand je renouvellerai ma proposition, et l'indulgence de mes adversaires qui, persuadés de mon intime conviction, n'appelleront pas ma persévérance de l'obstination, et seront peut-être un jour comme moi les partisans *de l'abolition de la peine de mort*, quand ils auront envisagé cette question sous toutes ses faces et qu'en lisant l'histoire ils verront l'abus que les hommes ont fait en tout temps et en tous lieux de cette peine irrémédiable, ils réfléchiront que la Loi seule est coupable, que le Juge fidèle à son serment doit l'appliquer; quelles conclusions doit tirer de cela le Législateur? J'insiste sur cette idée parce qu'avec toutes les déclarations de culpabilité on ne pourra plus envoyer personne à la mort, et que le temps, ce grand conseiller des hommes, pourra calmer les passions et faire éclater l'innocence des opprimés dans de certaines circonstances, où la peine de mort n'en donnerait aucun moyen, et où une *condamnation*, serait ou une grande injustice ou bien une cause de troubles dans l'Etat.

Le projet de paix perpétuelle (*) se rattache à cette série d'idées bienfaisantes qui dans tous les siècles ont trouvé des détracteurs, parmi les hommes ennemis, nés de toute perfection, et pour lesquels la perfectibilité est un rêve. Si ces personnes l'avaient emporté dans le monde, dans toutes les questions on aurait repoussé partout le Christianisme comme une dangereuse innovation, et une offense aux idées reçues, on

---

(*) Louvois ayant aperçu des traces de disgrâce dans un reproche que lui faisait Louis XIV, sur la construction d'une fenêtre de Trianon, le ministre pour se rendre nécessaire ordonna à M. de Turenne, de brûler le Palatinat; et d'y mettre tout à feu et à sang.

aurait maintenu l'esclavage, par respect pour la propriété, on n'aurait pas osé dire que la terre tournait, parce qu'il y avait des Magistrats qui avaient enfermé Galilée pour avoir voulu le soutenir, on n'aurait pas osé abolir la Traite des Nègres, par respect pour les propriétaires de plantations, et enfin on abandonnerait les Grecs au bâton et au cimeterre des Turcs comme à leurs légitimes propriétaires, parce qu'il y a 300 ans qu'ils les traitent comme des vils esclaves. Ce n'est pas à Genève, où depuis 300 ans règne la liberté et la raison, qu'on doit trouver de pareils obstacles quand on propose une chose favorable à l'humanité, et compatible avec la prudence et les principes qui régissent la société et la garantissent (*). On doit se garer de ces sophismes par lesquels on voudrait enchaîner la pensée en écartant tout ce qui est nouveau comme un poison, comme aussi il ne faut pas adopter une

---

(*) Les journaux anglais qui ont l'organe de l'opinion se sont exprimés en faveur de ma proposition et de celle de M. Gosse contre la flétrissure.

opinion uniquement en faveur de sa nouveauté. Il n'y a qu'une réflexion soutenue et une instruction bien digérée qui garantissent de tomber dans ces deux extrêmes. Qu'on n'objecte pas contre ma proposition la trop grande douceur de la prison perpétuelle, cette perspective de perdre sa liberté, dans quelque position qu'on soit né, est affreuse; joignez-y souvent les expositions fréquentes et le travail, vous trouvez réunis tous les genres d'efficacité qui manquent à la peine de mort et qui peuvent faire hésiter un homme quand il est sur le point de commettre un crime, si quelque chose peut en imposer dans un tel moment. Les expositions fréquentes feront une expression profonde sur la jeunesse qui en général craint plus la honte que le danger et la mort. Quand on prétend que la richesse des matières qu'on travaille à Genève y attire plus de voleurs qu'ailleurs, je voudrais qu'on prouvât qu'on y vole plus qu'à Lyon, ou dans telle autre ville. Je veux croire et je crois effectivement qu'on doit sa sûreté à la surveillance de M. le Lieutenant de Police et à celle de Messieurs les Auditeurs, et à la Chambre des Etrangers qui veillent à ce que des gens sans aveu ne s'établissent à Genève, mais je crois qu'elle ne se relâcherait pas, si ma proposition était accueillie. Une ville où tous ceux qui ont des moyens les emploient à secourir les classes malheureuses, soit par des aumones soit en leur facilitant le travail, ce qui est bien plus sage, une ville où des corporations de tous genres, et des deux sexes se sont formées pour veiller à l'éducation des enfans abandonnés ou négligés par leurs parens, est mieux placée qu'aucune autre pour faire des spectacles affligeans, et qui seront toujours un échec à la douceur des mœurs, en faisant voir comment l'on peut mutiler et détruire la créature que Dieu fit à son image. C'est tuer *légalement*, il est vrai, mais c'est toujours *tuer*, et c'est ce qu'on défend à l'enfant du moment où il commence à saisir une idée. Il est facile à un gouvernement de faire un tel essai, tout le monde lui en saura gré, la gloire en réjaillira sur toute la nation, et l'histoire fera certainement mention honorable des peuples qui les premiers auront renoncé à une coutume qui n'est plus motivée par la nécessité, qui seule pouvait l'excuser.

Le Chancelier d'Aguesseaux dont la mémoire est vénérée par tout le monde, mais particulièrement par ceux qui se sont occupés de Législation pénale, dit dans sa seixième mercuriale : « Qui croirait qu'une première impression pût quelquefois décider de la vie et de la mort ? Un amas fatal de circonstances qu'on dirait que la fortune a assemblées exprès pour faire périr un malheureux, une foule de témoins muets, et par-là plus redoutables, déposent contre l'innocence ; le Juge se prévient, l'indignation s'allume, et son zèle même le séduit : moins juge qu'accusateur, il ne voit plus que ce qui sert à condamner, et il sacrifie aux raisonnemens de l'homme celui qu'il aurait sauvé s'il n'avait admis que les preuves de la loi. Un événement imprévu fait quelquefois éclater dans la suite l'innocence accablée sous le poids des conjectures, et dément les indices trompeurs dont la fausse lumière avait ébloui l'esprit du Magistrat. La vérité sort du nuage de la vraisemblance : mais elle en sort trop tard ; le sang de l'innocent demande vengeance contre la prévention de son Juge, et le Magistrat est réduit à pleurer toute sa vie un malheur que son repentir *ne peut* réparer ». Ce n'est pas un idéologue infatué d'une fausse philanthropie qui parle ici, c'est le vénérable chef de la Magistrature française, blanchi sous la Simarre, vieilli dans l'administration de la Justice, ses paroles ne sont-elles pas un appel direct à la suppression de la peine de mort?

Je trouve dans le chapitre XII du livre VI de l'Esprit des lois de Montesquieu. L'expérience a fait remarquer que dans les pays où les peines sont douces, l'esprit du citoyen en est frappé comme il l'est ailleurs par les grandes. Il dit encore dans le même chapitre.: Suivons la nature qui a donné aux hommes la honte comme leur fléau; et que la plus grande partie de la peine soit l'infamie de la souffrir.....

Je lis encore dans le même chapitre. Il ne faut pas mener les hommes par les voies extrêmes; on doit ménager les moyens que la nature nous donne pour les conduire. Qu'on examine la cause de tous les relâchemens, on verra qu'elle vient de l'impunité des crimes, et non pas de la modération des peines.

Sous la République Romaine, on abolit les

lois des douze tables qui étaient toutes fort sévères, et il n'en résulta aucun mal, dit Montesquieu, qui avait assez approfondi l'histoire de ce peuple, comme on peut s'en apercevoir par son immortel ouvrage de *la grandeur et décadence des Romains*. Il rapporte la loi Porcia, qui défendait de mettre à mort un Citoyen romain. Il dit encore que les lois pénales douces, conviennent à une République, dont le ressort est la vertu. Il ajoute plus bas : Il serait aisé de prouver que dans tous ou presque tous les Etats d'Europe, les peines ont diminué ou augmenté à mesure qu'on s'est plus approché ou plus éloigné de la *Liberté*.

J. J. Rousseau dans son contrat social dit : Au reste, la fréquence des supplices est toujours un signe de faiblesse ou de paresse dans le gouvernement. Il n'y a point de méchans qu'on ne puisse rendre bons à quelque chose. On n'a droit de faire mourir, même pour l'exemple, que celui qu'on ne peut conserver sans danger ». J. J. Rousseau aurait d'après son raisonnement admis la suppression de la peine de mort, remplacée par la prison qui offre l'avantage de séquestrer un homme dangereux, qu'on peut considérer comme un fou furieux. Ayant rattaché la paix perpétuelle, au système de la suppression de la peine de mort, je vais citer ici un morceau que J. J. Rousseau écrivit à la tête de l'extrait du projet de paix perpétuelle de l'abbé de St. Pierre, qu'il fit connaître au public. Ce projet n'avait pas l'autorité qu'avait celui conçu par Henri IV, mais celui de ce grand roi prouve que le plan de l'abbé de St. Pierre n'était pas une simple utopie. Je laisse parler notre illustre compatriote, celui qui a donné tant d'éclat au titre de *Citoyen de Genève*. « Comme jamais projet plus grand, plus beau ni plus utile, n'occupa l'esprit humain, que celui d'une paix perpétuelle et universelle entre tous les peuples de l'Europe, jamais auteur ne mérita mieux l'attention du public que celui qui propose des moyens pour mettre ce projet à exécution. Il est même bien difficile qu'une pareille matière laisse un homme sensible et vertueux exempt d'enthousiasme; et je ne sais si l'illusion d'un cœur véritablement humain à qui son zèle rend tout facile n'est pas en cela préférable à cette âpre et repoussante raison, qui trouve toujours dans son indifférence pour le bien public le premier obstacle à tout ce qui peut le favoriser ».

« Je ne doute pas que beaucoup de lecteurs, ne s'arment d'avance d'incrédulité, pour résister au plaisir de la persuasion, et je les plains de prendre si tristement l'entêtement pour la sagesse. Mais j'espère que quelqu'âme honnête partagera l'émotion délicieuse avec laquelle je prends la plume sur un sujet si intéressant pour l'humanité. Je vais voir, du moins en idée, les hommes s'unir et s'aimer; je vais penser à une douce et paisible société de frères, vivant dans une concorde éternelle, tous conduits par les mêmes maximes, tous heureux du bonheur commun, et réalisant en moi-même un tableau si touchant, l'image d'une félicité qui n'est point, m'en fera goûter quelques instans une véritable.

Alors il entre en matière, expose tout le projet que le lecteur trouvera dans les œuvres de Rousseau, et conclut ainsi :

Récapitulons de même les avantages de

l'Arbitrage Européen pour les princes confédérés, *dans l'intention d'établir la paix perpétuelle.*

1.° Sûreté entière, que leurs différens présens et futurs seront toujours terminés, sans aucune guerre, sûreté incomparablement plus utile pour eux, que ne serait pour les particuliers, celle de n'avoir jamais de procès.

2.° Sujets de contestation, ôtés ou réduits à très-peu de chose par l'anéantissement de toutes prétentions antérieures, qui compensera les renonciations, et affermira les possessions.

3.° Sûreté entière et perpétuelle, et de la personne du prince et de sa famille et de ses états, et de l'ordre de succession, fixé par les lois de chaque pays tant contre l'ambition des prétendans injustes et ambitieux que contre les révoltes des sujets rebelles.

4.° Sûreté parfaite de l'exécution de tous les engagemens réciproques entre prince et prince, par la garantie de la République européenne.

5.° Liberté et sûreté parfaite et perpétuelle à l'égard du commerce tant d'état en état, que de chaque état dans les régions éloignées.

6.° Suppression totale et perpétuelle de leur *dépense militaire extraordinaire* par terre et par mer en temps de guerre, et considérable diminution de leur dépense ordinaire en temps de paix.

7.° Progrès sensible de l'agriculture et de la population, de la richesse de l'état et des revenus du prince.

8.° Facilité de tous les établissemens qui peuvent augmenter la gloire et l'autorité du souverain, les ressources publiques, et le bonheur des peuples.

J. J. Rousseau, pour appuyer ce projet, présente l'exemple de la ligue helvétique. La Diète et le Directoire sont en effet les arbitres perpétuels des différens qui pourraient s'élever entre les cantons qui se sont réservés la souveraineté, mais qui se soumettent à ce bienfaisant arbitrage qui les préserve des malheurs de la guerre intestine. Après tout ce qu'il y avait à dire en faveur du projet, J. J. Rousseau finit par ces mots : Si, malgré tout cela, ce projet demeure sans exécution, ce n'est pas qu'il soit chimérique ; c'est que les hommes sont insensés, et que c'est une sorte de folie d'être sage au milieu des fous ».

Au risque d'ennuyer mon lecteur à force de répétitions, je veux dire encore ici que la peine de mort ne doit point être infligée par la *vengeance*, laquelle nous est interdite par la religion du Christ, elle n'est là que pour soustraire la société aux dangers que lui fait courir un de ses membres, et si l'on peut arriver au but autrement, ne doit-on pas le faire? Un homme pieux me disait que Dieu avait institué la peine de mort chez les Juifs, parce que dans l'enfance de la société, les parens, les amis du mort se vengeaient eux-mêmes, et que Dieu voulut régulariser cette vengeance, mais que le Christianisme et la police moderne avaient pourvu à tout, par l'établissement des lois repressives et des prisons.

On trouvera aux pages 116, 117, 118 et 119, des remarques bien frappantes de Livingston sur l'inefficacité de la peine de mort.

FIN.

www.ingramcontent.com/pod-product-compliance
Ingram Content Group UK Ltd.
Pitfield, Milton Keynes, MK11 3LW, UK
UKHW021051200726
13857UKWH00003B/891